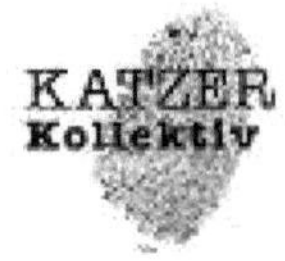

Impressum

Text: © Rufus Katzer

Umschlag: © Maike Cronemeyer,
                        Cronemeyer Design

Verlag und Druck: tredition GmbH
                        Halenreihe 40-44, 22359 Hamburg

ISBN

978-3-347-39328-8 (Paperback)
978-3-347-39330-1 (e-Book)

Copyright © 2021 Rufus Katzer
www.rufuskatzer.de

Bibliografische Information der Deutschen Nationalbibliothek:

Die Deutsche Nationalbibliothek verzeichnet diese Publikation in der Deutschen Nationalbibliografie; detaillierte bibliografische Daten sind im Internet über http://dnb.d-nb.de abrufbar.

Corona Blues

Rufus Katzers letzter Fall

Widmung

Mein letzter Mallorca Krimi ist meiner Seelenschwester Yalka
gewidmet, die kürzlich von mir gegangen ist und neben ihrer
Asche viele Erinnerungen zurückgelassen hat.
Wir waren 17 Jahre lang unzertrennlich.
In meinen Romanen heißt sie "Öhrchen" und ist eine
Rottweiler-Hündin. Sie wartet darauf, dass ich ihr folge.

1. Kapitel

Rufus Katzer schlich durch leere Gassen wie durch Feindesland. Eine alte Frau mit Brotkorb hastete vom Bäcker auf die Straße, auf der Flucht auch sie. Der Straßenkehrer wich geschickt jedem Dreck vom Vortag aus.

In Mallorca und ganz Spanien herrschte striktes Ausgehverbot. Die Pandemie hielt die Welt im Griff. Eine Parallelwelt, in der Masken sich bewegten wie im Karneval. Selbst die Gesetzeshüter trugen welche.

Katzer kannte jeden von ihnen. Und jeder kannte ihn. Nicht jeder war sein Freund. Aber alle waren respektvoll. Fast alle.

„Ein Gernegroß, der sich in fremde Angelegenheiten mischt..." Na wenn schon.

Katzer grüßte immer. Polizisten waren fast die einzigen, die man noch in der Öffentlichkeit traf.

Nichts mehr vom quirligen Vielvölkergemisch, das noch bis Jahresanfang die Straßen Pollenças beherrscht hatte. Beim Öffnen der Haustür hatte der Wind ihm einen hauchdünnen Gummihandschuh gereicht. Geisterhafter Gruß eines Albtraums.

Er gierte nach einem Kaffee - heiß, schwarz und ohne Zucker. Alle Kneipen waren geschlossen. Eine Stadt ohne Kneipen ist toter als eine erschlagene Katze. Sehnsucht nach verschlafenen oder wachen Gesichtern, am Tresen eng gedrängt, lautes Zischen der Espressomaschine, ein Bier, ein Schnaps, viele Menschen. Menschen, die nirgends mehr waren. Die Welt war ausgeknipst.

Er erreichte das Ende der Stadt vor der Römerbrücke. Sein Auto stand da wie immer. Dicht an der Häusermauer. Er konnte für seine Hündin nur die linke Tür öffnen, was schwierig war. Das Schloss war verbogen. Als sie aufging, trat er einen Schritt zurück. Sein Rottweiler nutzte die Chance zu einem Sprung ins Fahrzeug, um die Vordersitze zu blockieren.

„Scheiße." Katzer schüttelte den Kopf. Sein Köter wog 40 Kilo und steckte wie ein Korken im Flaschenhals. Kein Vorbeikommen. Öhrchen drehte sich zu ihm um und schien schelmisch zu lächeln.

Um selber ans Steuer zu kommen, musste er den Hund irgendwie rauswuchten. Das gelang. Er band ihn ein Stück weiter an eine Laterne und schlurfte zum Auto zurück, begleitet von Öhrchens Protest.

Schnell in die aufgeheizte Karre und vom CD-Laufwerk den coolen Sound von Chet Bakers Trompete geholt – LEAVING – die Suche nach dem Eingang hinter dem Ausgang. Nur ein Gedanke, aber beharrlich.

Er schob sich auf seinen Sitz, um den Zündschlüssel ins Schloss zu schieben und auszuparken. Die Reaktion entsprach nicht seinen Erwartungen.

Er hatte sich immer eine formlose Feuerbestattung gewünscht. Was jetzt folgte, war nicht sein Stil. Ein Feuerball, der seine eigenen Gesetze schrieb.

„Boooooom!"

Die Detonation war bis ins benachbarte Port Pollença zu hören, wo man sie irrtümlich für den Startschuss einer Regatta hielt.

Alle Scheiben des Wagens flogen zugleich aus der Fassung. Die Karosserie des roten Ford flog teilweise mit ihnen, ebenso das Blech der umstehenden Fahrzeuge. Der Motor spie mit einem gewaltigen Krachen Feuer, Rauch und Einzelteile in die entjungferte Stille. Die Stichflamme schoss an der Häuserwand hoch und ließ Wrackteile über die Straße prasseln. Der Detonation folgte bleiernes Schweigen.

Dann kam das schaurige Winseln des Hundes. Wer es gehört hatte, konnte es nicht mehr vergessen.

Fenster wurden aufgerissen, Menschen stürzten auf die Straße. Nach einigen Schreckminuten tönten Polizeisirenen und Ambulanzen aus verschiedenen Himmelsrichtungen. Niemand wagte sich an die Autotrümmer. Die herbeigeeilten Municipales spulten rot-weiße Absperrbänder um den Unglücksort. Der Rottweiler zwängte sich durch, um wild zu wühlen. Er zog eine Blutspur nach sich.

Er fand eine abgerissene Hand, hob seinen Kopf und stieß ein Heulen aus, das nicht endete. Ein hündisches Heulen endloser Verzweiflung auf der Suche nach Steigerung. Die Gaffer erstarrten.

Ein Beamter der Guardia Civil griff seinen Revolver, um dem Hund den Gnadenschuss zu geben. Zwei Sanitäter drängten dazwischen und umwickelten den kaputten Rumpf des Tieres mit einem Notverband, um den Blutfluss zu stillen. Sie gaben ihm eine Spritze.

Ein Motorrad Cop, den Katzer oft beim Spaziergang getroffen hatte, hob das demolierte Kennzeichen des Wagens mit spitzen Fingern hoch und telefonierte mit dem örtlichen Revier. Ihm wurde bestätigt, was er vermutet hatte. "Der Halter ist Resident der Stadt. Ein Journalist namens Rufus Katzer." Er trat zu den Sanitätern.

„Bringt ihn schnell zum Tierarzt. Vielleicht kann der Hund uns noch mal helfen. Ist schließlich unser einziger Zeuge. Oder hat hier sonst noch jemand was gesehen?"

Die gaffende Menge schüttelte den Kopf. Der breitschultrige Ortspolizist sprach kurz mit dem Hauptmann der Guardia Civil und ließ sich die Namen der umstehenden Anwohner geben. Er notierte sie gewissenhaft in sein Dienstbuch. „Fürs Protokoll." Von einem der Anwohner erfuhr er, dass der Hund auf den Namen „Öhrchen" hörte. Er fügte das seinen Notizen hinzu.

Der Chef der Guardia Civil hatte inzwischen entschieden, dass man am Tatort eines Verbrechens stand und die Spezialisten der Spurensicherung hinzuziehen musste. Er beorderte den Streifenbeamten, genügend Männer zur Bewachung des Tatorts abzustellen und keinen Unbefugten in die Sperrzone zu lassen. Dann zog er Handschuhe über, um in den Trümmern nach Beweismaterial zu suchen.

Er fand die abgerissene Hand und stellte die Suche sofort wieder ein. Stattdessen rannte er zum Einsatzwagen und holte eine Kamera, um so viel wie möglich zu fotografieren. Er fuchtelte wahllos durch das Chaos. „Wo bleiben die Leute von der KTU, verdammt noch mal, muss man denn hier alles alleine machen!"

Nach einer halben Stunde kamen mehrere Dienstwagen der Kripo aus Palma. Maskierte Spezialisten der Spurensicherung in weißen Kitteln verteilten sich auf dem gesperrten Gelände, fotografierten viel und stellten überall Nummern auf, wo ihnen etwas auffiel. Eine ebenfalls maskierte Dame sah sich in der Runde um, übersah nonchalant den Cabo der Guardia Civil und ging auf den breitschultrigen Motorrad Cop zu. Sie grüßte ihn kumpelhaft mit dem Ellbogen: „Ola Benito, viel los hier bei euch im Städtchen!"

Dem Angesprochenen fiel der Kiefer nach unten, was seine Maske verbarg. „Isabel, nicht möglich, ich kack auf den Stiefel. Bist Du das wirklich? Nein, ich glaub's nicht."

„Hauptkommissarin Isabel Cifre Cerda, Policia Central", grüßte sie militärisch knapp. „Lange nicht gesehen, Benito. Sag Deinen Leuten bitte, dass sie hier nicht alle Spuren zertrampeln."

„Klar doch. Das muss ich gleich auf dem Revier erzählen. Unsere Isabel ist zurück, um hier ein Kapitalverbrechen zu klären. Gratuliere – Du hast Karriere gemacht. Aber ich muss Dir wohl eher mein Beileid aussprechen. Du hast das Opfer besser gekannt als wir alle.“

„Stopp. So weit sind wir noch nicht. Wenn ich recht unterrichtet bin, handelt es sich hier um das Fahrzeug von Señor Katzer. Ob er auch drin saß, bleibt offen.“

„Ich kann mir nicht vorstellen, dass ein anderer in diese Karre gestiegen ist. Um die übrigen Autos ist es da wohl eher schade.“

„Das wird die Gerichtsmedizin entscheiden. Bisher gibt's nur ein paar Körperteile von einem Menschen. Was ist denn mit seinem Hund, den er immer bei sich hatte?“

„Armes Vieh. Der ist schon beim Tierarzt. Er war da hinten an der Laterne gebunden. Ist schwer verwundet.“

„Dem bleibt auch nichts erspart. Als Welpe wurde er mit Knallkörpern verletzt. Hat überall Narben im Fell. Und ein halbes Ohr fehlt ihm auch.“

Der Kommissarin Isabel Cifre Cerda blieb keine Zeit, über Katzers Hang zu den Geschlagenen und Außenseitern nachzudenken. Schon drängten die Vertreter von Presse, Funk und Fernsehen unter die Gaffer und durchbrachen forsch die Absperrungen, ihre Mikros und Kameras im Anschlag.

Sie fauchte die Journalisten an, sich an die Pressestelle der Policia Central zu wenden und gab Benito den Befehl, mit seinen Uniformierten niemanden durch die Absperrung zu lassen.

„Ihr habt die Stadt vor der Seuche sauber gehalten. Da werdet Ihr wegen eines blöden Attentats jetzt nicht vor Chaos und Gewalt kapitulieren, wenn Ihr noch Eier in den Hosen habt. Schickt die Leute weg. Es herrscht immer noch Ausgehverbot.“

Die Zuschauermenge hatte sich allen Anweisungen zum Trotz ständig erhöht. Die Reporter versuchten, mit Meinungsbefragungen und Stimmungsbildern bei den Umstehenden den Mangel an Tatsachen wettzumachen. Nur mit Mühe klaubten die Frauen und Männer der Spurensicherung Körperteile und Trümmer in Plastiksäcke, die sie durch Neugierige hindurch zu ihren Fahrzeugen schleppten.

Inzwischen war auch der vom örtlichen Polizeirevier herbestellte „Grua", ein Abschleppwagen, eingetroffen. Er lud das Wrack von Katzers Karre auf und brachte es zum Hof von Pollenças Polizei.

Die Guardia Civil hatte sich zurückgezogen. Bomben und Sprengstoff waren zwar ihr Gebiet, aber um die Faktenlage sollten sich Höhergestellte hinter den Kulissen streiten. Benito, der seine Uniformjacke inzwischen bis auf den letzten Knopf geschlossen hatte, blickte immer wieder bewundernd auf das Persönchen, das sich als Hauptkommissarin vorgestellt hatte, während sie vor Jahren als die liebe Isabel auf ihrem Revier in Pollença noch Kaffee kochen und Pizza holen durfte. Was für eine Karriere! Er selbst hatte ihr das Motorradfahren beigebracht. Im Moment wusste er nicht, ob er neidisch oder stolz auf sie sein sollte.

Als er sie verstohlen ins Auge nahm, klingelte ihr Handy. Von der Einsatzzentrale kam die Information, dass alle Redaktionen Sondersendungen vom Anschlag brachten und in Kürze sensationelle Details über die Hintergründe des Attentats bringen wollten, die - ihr stockte der Atem - von dem betroffenen Opfer selbst stammen sollten.

„Typisch Katzer", knurrte die Hauptkommissarin. „Immer einmischen und nie das Maul halten, selbst wenn er in tausend Stücke verstreut ist. Aber wir dürfen den Dreck aufsammeln."

Sie widerstand der Versuchung, einen Abstecher zur Tierklinik zu machen und sich nach Katzers vierbeiniger Seelenschwester zu erkundigen. Sie hatte den Hund fast so gemocht wie das Herrchen; damals, als sie noch ein Paar waren. Aber Katzer hatte nichts ausgelassen, ihre Beziehung auf die Probe zu stellen. Sie hatte ihm immer vorausgesagt, dass er so oder ähnlich enden würde. Was es jetzt nicht leichter für sie machte.

„Benito, ich fahr jetzt an Katzers Haus vorbei und werde es polizeilich versiegeln. Die Nachbarin kann über den Hof rein wegen der Katzen. Dein Chef soll jeden Tag eine Streife vorbeischicken."

Katzers Haustür stand weit offen wie immer. Das Warnschild am Eingang vor dem gefährlichen Hund hatte bisher alle Übeltäter abgeschreckt. Vielleicht waren es aber auch die durchs Fenster sichtbaren unzähligen Bücher an den Wänden, die dem Haus den Namen „Casa de Libros" gaben. Wer klaut schon Bücher!

Dennoch spürte Isabel sofort beim Eintreten Gefahr! Alle Sinne signalisierten Alarm. Sie zog Handschuhe an und griff zur Waffe.

Drinnen war zunächst alles wie früher, Corona hin oder her. Dennoch spürte sie Herzklopfen, als sie die Treppe hoch in sein Arbeitszimmer eilte. Ihr Schritt stockte. Im Vergleich zum gewohnten Chaos bei Rufus sah sein Büro aus wie nach einem Bombenangriff. Der Computer fehlte, die Bücher im Zimmer waren ein wüster Haufen und die gläserne Schreibtischplatte war leergefegt von allen Utensilien, die seine Gedanken auf Trab hielten. Hier hatte eine Person gesessen, die vor nichts und niemand halt machte.

Es war nur Formsache, aber nach 20 Jahren Polizeidienst ging sie mit entsicherter Waffe durch das ganze Haus bis hinauf zum Dachgarten im dritten Stock, um sich zu vergewissern, dass sie allein war.

Oben konnte sie nicht widerstehen, eine Pirouette zu drehen und voller Wehmut einen Panoramablick über die Dächer Pollenças bis in die Berge dahinter zu werfen. Katzer hatte immer gesagt, allein dieser Anblick sei jeden Ärger im Leben wert.

Zum Greifen nahe die wehrhafte Kirche Santa Maria dels Àngels mit ihren Zinnen und Schießscharten im Turm. Isabels Blick folgte der nördlich ansteigenden Stadt zur zweiten Kirche Monti Sion, die jetzt als Rathaus und Schule diente. Sie blickte weiter hoch bis zum Gipfel des Galgenbergs, den jetzt eine Kapelle krönte. Dahinter der Dialog der Stadt mit dem westlich zum Meer abfallenden Ausläufer des Tramuntana-Gebirges. Weit vor ihnen die alten, balkonbestückten Gebäude der abwärts führenden Straße zum Markt und zum Kloster. Hob man den Blick, sah man im Süden den Tomir als dritthöchsten Berg der Insel. Weiter östlich und zum Greifen nahe der Puig Maria, wie eine brütende Glucke, gekrönt von einem burgähnlichen Klosterbau, in dessen Garten Katzer oft sein zweites Frühstück eingenommen hatte.

Vom Dach nur zu ahnen waren die vielen geschichtsträchtigen Zeugnisse der alten Römer- und Kreuzritterstadt mit zahllosen unterirdischen Gängen und Fluchtwegen zur befestigten Kirche und dem nicht mehr vorhandenen Friedhof, der jetzt gepflastert war und bis vor wenigen Wochen als Biergarten gedient hatte. Dann hatten die Pandemie und ihr Ausgehverbot der Placa Central die Friedhofsruhe des vergangenen Jahrhunderts zurückgegeben.

Isabel schauderte und stieg die Treppen wieder zum Arbeitszimmer runter. Sie ließ die Handfläche über die raue Mauer des unverputzten Treppenganges gleiten. Eine intime Geste.

Dies war das Haus eines Toten, der eben erst in Stücke zerrissen worden war. Im Arbeitszimmer sammelte sie so viele Notizen ein, wie sie finden konnte und machte Fotos von seiner chaotischen Spickwand. Dann ging sie ins Bad und packte Zahnbürste und Rasierklingen für einen Gentest ein. Damit war alles Amtliche erledigt.

Sie öffnete den Badezimmerschrank und zog einen rosa Schlüpfer unter den Handtüchern vor, den sie als ihren eigenen erkannte. Sie roch am Schlüpfer und erinnerte sich, dass er feucht gewesen war, als sie ihn vor zwei Jahren getragen hatte. Sie ließ ihn schnell in ihrer Jacke verschwinden.

Sie stieg ins Parterre und überlegte, wie sie das hölzerne Tor zuschließen sollte. Katzer hatte immer ein paar schmiedeeiserne Ersatzschlüssel neben der offenen Tür hängen. Sie griff einen, schloss die Tür und klebte das Dienstsiegel darauf.

Sie hatte Katzer vor langer Zeit kennengelernt, als er sich mit seinem Kajak zu weit Richtung Sa Calobra vorgewagt und wegen starken Gegenwindes an der Nordküste nicht mehr den Weg zurück nach Pollença geschafft hatte. Kurz vor dem Ziel hatte sich eine unüberwindliche Gegenströmung aufgebaut.

Er hatte auf den Klippen übernachten müssen, war als vermisst gemeldet worden und am nächsten Morgen begleitet von einem Hubschrauber der Küstenwache zu seinem Standort in Cala Vincenc zurückgekehrt. Dort hatte ihn neben einer Ambulanz ein Funkwagen der Ortspolizei empfangen, zu dessen Besatzung Isabel gehörte.

Sie hatte ihm eine Flasche Wasser gereicht. Er trank sie aus ohne abzusetzen. Es war das kostbarste Geschenk seines Lebens. Er fragte nach ihrem Namen.

„Isabel".

„Du machst mich glücklich."

Sie hörte nicht mehr auf, ihn glücklich zu machen.

Verdammt, wenn du nicht aufpasst, wirst du von dem Fall wegen Befangenheit abgezogen, dachte sie. Es fiel ihr schwer, die paar Schritte um die nächste Ecke zu gehen, wo sie ihren Wagen im Parkverbot abgestellt hatte. Sie fädelte sich zum Stadtrand ein.

An der Grundschule, die sie selbst besucht hatte, hielt sie sich genau an die Geschwindigkeitsbegrenzung. Kaum auf der Autobahn, setzte sie das Blaulicht aufs Dach. Sie war entschlossen, nicht von der linken Spur zu weichen, bis sie die Polizeizentrale in Palma erreicht hatte. Es gab ohnehin kaum Verkehr. Sie hatte das Radio eingeschaltet und brauchte nicht zwischen den Sendern zu wählen, um auf dem neuesten Stand zu bleiben. Der Bombenanschlag war das alles beherrschende Thema.

Zur Krönung hatte Katzer bei einem Notar einen Daten Stick hinterlassen, freizugeben an alle Redaktionen im Falle seines gewaltsamen Todes. In Pollença's angesehenem Notariat hörte man während der Arbeit normalerweise kein Radio, aber die News des Tages war blitzschnell auch hier angekommen und der Notar persönlich hatte entschieden, den Inhalt des Sticks nach dem Willen des Eigentümers zu veröffentlichen.

Isabel hörte Katzers vertraute Stimme. Alles war wie früher. Sie nahm ihren Fuß vom Gaspedal und bog auf die rechte Fahrspur. Sie wollte sich ganz auf den Inhalt seiner Aussage konzentrieren.

„Liebe Mitbürgerinnen und Mitbürger. Ich danke allen, die mir hier auf der Insel zwanzig Jahre eine neue Heimat geboten haben. Es war die beste Zeit meines Lebens. Das hat nicht allen gefallen. Meine Freunde und ich werden weiter dafür kämpfen, dass unsere Insel ein Ort des Friedens und des glücklichen Zusammenlebens bleibt. Alberto Batracio, Du Dreckskerl, glaub bloß nicht, dass Du mit Deinen Machenschaften davonkommst!"

Sofort griff Isabel zum Funkgerät und gab der Zentrale Befehl, ihr alle greifbaren Unterlagen dieses Alberto Batracio auf den Tisch zu legen. Das Attentat schuf Fakten statt vager Vermutungen, welche Katzer ihr bisher von Zeit zu Zeit vor die Füße geworfen hatte.

Sie gönnte sich eine Gänsehaut. Zu oft hatte sie sich mit Katzer gefetzt. Seine Polemik verstieß gegen jede Polizeietikette. Kühl, sachlich und faktengenau musste man sein, wenn man bei der Kripo vorankommen wollte. Katzer, der alte Nachrichtenjäger und Haudegen, hatte immer den Kick und das Abenteuer gesucht. Er brauchte sein Publikum, sie den Staatsanwalt. Gebannt folgte sie seiner Stimme.

„Karten auf den Tisch, Al Batracio, Du Kröte im Schwarzgeldsumpf. Keiner weiß, wie viele Millionen Du jenseits des Gesetzes bewegt hast. Vermutlich nicht einmal Du selbst. Dein Spiel geht nicht um Geld, sondern um Macht. Viele halten Dich für den reichsten Mann der Insel. Wenn sie Dich überhaupt kennen. Als viele Läden wegen der Epidemie schlossen und die Hotels alle Buchungen absagen mussten, florierte Dein Job mehr denn je."

„Du hast Menschen und Moneten gemischt wie Spielkarten. Das Geheimnis Deines Erfolges sind junge Mädchen und Pädophilie. Unsere Namensliste ist lang, wenn auch sicher nicht vollständig. Mehrere Deiner Opfer sind bereit, vor dem Richter auszusagen. Sie sind jetzt vor Dir in Sicherheit. Die von Dir verübten Scheußlichkeiten werden für immer mit Deinem Namen verbunden bleiben, Alberto Batracio, Mädchenschänder und Päderast. Im Knast freuen sie sich schon auf einen wie Dich."

2. Kapitel

Es gab keinen Ort auf der Welt, wo er nicht untertauchen konnte. Geld war immer vorhanden. Willige Mädchen auch. Je jünger, desto besser. Erfahrene Frauen schreckten ihn ab wie vielgelesene Modemagazine auf einem Wartezimmertisch.

Er sah verdammt gut aus. Genau der Typ, der unschuldige Mädchenherzen schuldig werden ließ, weil er ihnen das Prestige versprach, das sie vor ihren Kameradinnen erhofften, deren Lebenserfahrung nicht über die Garantiezeit ihres Smartphones hinausging.

Ein Althippie, der viel lachte und immer die Welt zu umarmen schien, wenn er im Irrgarten der Pityusen unterwegs war, wie das Wirrwarr der kleinen Baleareninseln genannt wird. Immer vorneweg, schwamm er mit anderen Hippies von Ibiza zum geheimnisumwitterten Tagomago hinüber, um dort die Felsen mit barbarischen Zeichen und Formen zu bemalen. Es war ihr Juwel. So glaubten alle. Nur er wusste mehr. Er führte inzwischen ein zweites Leben mit Geld, ohne Hippieallüren. Das extravagante Kunststück dieses Blenders blieb sein Geheimnis, bis er Katzer etwas preisgab, das dessen Hirnwendungen Saltos schlagen ließ.

Es blieb Albertos Geheimnis, wie er in die Welt der Geldwäsche und Börsenmanöver gelangte. Es langweilte ihn, darüber zu sprechen. Er kannte die Gangsterclans in Marbella und jeden dort ansässigen Bankdirektor im Zentrum des dreckigen Geldes während des Baubooms.

Aber niemand schien ihn zu kennen. Als es zu zahlreichen Verhaftungen kam, verzog er sich an den Ort seiner Herkunft - die unübersichtlichen Balearen mit ihrer Unzahl kleiner Gestade und Leuchtturmatolle.

Seit zwei Tagen wohnte er in Europas exklusivstem Versteck. Auf der Privatinsel Tagomago, einen Steinwurf vor Ibiza, nur per Schiff oder Hubschrauber erreichbar.

Vor Jahren hatte er den spanischen König Juan Carlos auf Ibiza getroffen, als dieser wegen eines Zwischenfalls nicht wie geplant auf Mallorca landen konnte. Ein Foto mit dem Shakehands der beiden schaffte es sogar in die Medien. Das war zu einer Zeit, als der Ruf des Borbonen noch nicht durch Steuerhinterziehungen, Frauenaffären und Elefantenjagd ruiniert war. Juan Carlos hätte in Sachen Steuerhinterziehung und Schwarzgeldgeschäfte von Batracio lernen können. Dieses Beziehungsgeflecht war das wahre Geheimnis von Albertos Macht. Es gab immer irgendwo irgendjemanden, der ihm etwas schuldig war. Und er war nie da, wo ihn die falschen Leute gerade suchten.

Alberto verschwendete keinen Gedanken an seine Bleibe der kommenden Nacht. Er lümmelte auf dem Liegestuhl eines bekannten Strandcafés in Formentera. Auf der kleinen Fischerinsel kannte jeder jeden, und am meisten waren diejenigen hier zu Hause, die nicht von Formentera stammten. Die Inselbewohner nannten sie „die Langhaarigen", los peludos.

Gleich nach Woodstock war Formentera der Geheimtipp der Beatniks. Wer konnte, erwarb eine Hütte auf dem Land und machte sich heimisch. Erst kam die Make-Love-Not-War-Jugend aus den USA, dann folgte Italiens Partygeneration aus dem Dolce Vita Fellinis. Auf schweren Harleys verbreiteten sie die Dekadenz ihrer betuchten Elternhäuser. Anita Eckbergs Bad im Trevi-Brunnen von Rom wurde mit einem Sprung in die kristallklaren Gewässer der Pityusen vertauscht. Die gastfreundlichen Inselbewohner teilten ihre Lebensfreude und ihr karibisches Klima mit ihnen.

Ob Bob Dylan Ende der Sechziger auf der Insel gewohnt hat, ist umstritten. Sicher ist, dass Alberto Batracio zu den Langhaarigen gehörte, die hier zu Hause waren, wenn er nicht gerade auf dem Festland in Marbella mit dem Waschen von Schwarzgeld aus dem Bausumpf zu tun hatte. Dieses Doppelspiel ging ihm so leicht von der Hand wie einem guten Pokerspieler das Bluffen.

Das Chiringuito von Alberto Batracios Wahl warb mit seinem schludrigen Service aus Hippizeiten und hieß „El Pirata". Batracios drei Bodyguards saßen weiter entfernt am Tresen und schienen ihn nicht zu kennen. Al hatte nur Augen für die pubertierende Aina, deren lange schwarze Locken jetzt triefend am Körper klebten und dem Bikini wenig entgegensetzten, als sie aus dem Wasser kam.

„Cola mit Eis?" fragte er sie.

„Gerne", kicherte sie und griff ihr Handtuch. "Lass mich nur schnell auf's Klo zum Umziehen."

„So lange du willst", nickte er gönnerhaft. „Nur vergiss nicht, deine Finger in die Muschi zu stecken. Pinkele auf deine Hände und bring sie duftend zu mir zurück, damit ich sie ablecken kann. Die Muscheln hier schmecken nach gar nichts. Das kriegt die Küche nicht hin. Enttäusche mich nicht. Zeig mir, was Du kannst."

Sie sah ihn erschrocken an. Ungläubig und verwirrt. Er strich über seine gut rasierten Wangen und warf die inzwischen grau gewordenen Locken über die Schultern. „Los, gib's mir, verschone mich nicht." Er hatte sie gerade erst kennengelernt. Offensichtlich war sie auf der Suche nach einem Sponsor für ihre Drinks.

Sie verschwand in der Toilette. Als sie zurückkam, war ihr Gang zögerlich, ihre Schultern hingen nach vorn. Al zog sie mit beiden Armen an sich heran, roch erst an einer Hand, dann genüsslich an den Fingern der zweiten. "Braves Mädchen", lobte er, während er abwechselnd beide ihre Hände in seinen Mund steckte und den Hauch von Urin ableckte wie eine gastronomische Köstlichkeit.

„Lass das unser kleines Geheimnis bleiben." Er schaute ihr tief in die Augen. Sein markantes Kinn und die vollen Lippen bürgten für den Ehrenmann. Das Braun ihrer Pupillen verschwamm. Sie nickte.

„Ich zeige dir dafür ein Geheimnis, das keine deiner Freundinnen je sehen wird. Drüben auf der Insel Tagomago gibt es ein Schloss, in dem nur die wenigsten Menschen der Welt je wohnen durften. Du bist auserwählt, heute darin meine Prinzessin zu sein. Du wirst es nicht bereuen. Unter einer Bedingung: niemand darf wissen, dass wir zusammen da waren."

Er zeigte auf einen seiner Bodyguards. „Er wird dich zu einem Kutter bringen. Da wartet ein Fischer, der uns nach Tagomago fährt. Wir andern kommen gleich nach."

„Aber ich muss pünktlich zu Hause sein."

„Kein Problem, Aina. Sind ja nur wenige Minuten bis Tagomago. Nicht weiter als zum nächsten Strandcafé. Es wird dir gefallen."

Al nickte einem Leibwächter zu, der seinen Cocktail ausschlürfte und sich zum Steg trollte. Das Mädchen folgte ihm. Sie ließ sich beim Einsteigen helfen.

Al setzte sich zu den zurückgebliebenen Bodyguards. "Was gibt's Neues?"

Sie zuckten die Schultern. „Auf Mallorca hat 's heute geknallt. Ein Auto wurde in die Luft gesprengt. Der Fahrer hat das offenbar erwartet und noch ein Band aufgenommen, das jetzt rauf und runter in den Sendern läuft."

„Mallorca ist mehr als 100 Kilometer entfernt. Wir sind seit gestern hier."

„Schön und gut. Aber er nennt Deinen Namen, Alberto Batracio, und schimpft Dich einen Kinderschänder."

„Wie ungehörig."

„Was sollen wir tun?"

„Wir sind weit vom Anschlag entfernt. Um den Rest sollen sich die Anwälte kümmern. Genießen wir den Tag."

Sie gingen zum Kutter. Der Kahn tuckerte mit mäßiger Geschwindigkeit zwischen eleganten Yachten in die Bucht mit dem Anlegesteg von Tagomago. Sie waren nur einen Kilometer gefahren. Als der Fischer den Motor stoppte, herrschte einsame Stille um sie her. Ein schmaler Weg zwischen ansteigendem Buschwerk führte sie in die Höhe, vorbei an einem großen Warnschild „Privat". Nur tausende Vögel tobten in diesem Naturschutzgebiet.

„Es gibt nur ein Gehöft und ganz oben krönt ein Leuchtturm dieses Paradies", lächelte Al. „Der Fernsehstar Sabine Christiansen hat hier seine Flitterwochen verbracht. Die Insel gehörte einem deutschen Fürsten, dessen Erben sich nicht über den Nachlass einigen konnten. Mir wurde sie auch mal angeboten, aber zu viel Vogelscheiße überall. Dagegen sind die dauernden Buschbrände, die hier durch rauchende Hippies ausgelöst wurden, ein Witz."

Angesichts des luxuriösen Schwimmbades vor einer, mit verschwenderischen Panoramafenstern ausgestatteten Villa und den großzügigen Zimmerfluchten im Innern des Hauses vergaß Aina alle Bedenken, die sie gegenüber diesem als Hippie getarnten Krösus gehabt hatte. Sie scheuchte solche dummen Gedanken wie einen unartigen Hund zurück in die Zwei-Zimmer-Kate ihrer Eltern, wo sie bleiben sollten und sich schämen.

Die Leibwächter waren beim Betreten der Gemächer sofort in einen anderen Raum verschwunden. Aina war so überwältigt vom luxuriösen Interieur, dass sie einen Moment zu spät merkte, wie ein nackter Mann mit Maske hinter sie getreten war, der sie packte und ihr die Kleider vom Leib riss.

Jeder Gedanke an Gegenwehr erstarb, als sie sah, wie Al ganz selbstverständlich zur Kamera griff und die Obszönitäten filmte, die an ihr begangen wurden. Sie war fast erleichtert, als Al die Kamera sinken ließ, aber nur, um selbst Hand an sie zu legen und Ainas Körper mit groben Worten und peinlichen Griffen zu misshandeln.

„Ich weiß nicht, wie dir dein erster Kontakt mit einem Mann gefallen hat", sagte Alberto danach gelassen. „Ist ja immer was Besonderes im Leben. Aber ich warne dich eindringlich, vor irgendjemand damit zu prahlen. Dann findet deine kleine Begegnung auch im Internet statt und die ganze Welt kann beurteilen, wie fein unsere Jungfrau sich von einem Maskierten hat aufgeilen lassen. Kein Wort zu deinen Eltern."

Ainas Wut richtete sich gegen sich selbst. Sie war gar nicht weit von zu Hause und doch mitten in der Hölle. Sie dachte nur daran, so schnell wie möglich von diesem Ort wegzukommen. Sie rannte durch den Raum, fand die Ausgangstür zu ihrer Überraschung offen und lief nackt den Weg bergab, den sie gekommen war.

Sie war barfuß, aber sie spürte keinen Schmerz. Sie hatte das Gefühl zu fliegen. Niemand war hinter ihr. Als sie den Steg erreichte, sprang sie ins Wasser und hielt auf eines der ankernden Schiffe zu. Sie wollte um Hilfe bitten und sich zurück nach Ibiza bringen lassen. Niemand sollte erfahren, was geschehen war. Das erste Boot, das sie erreichte, hatte eine Strickleiter herabgelassen, weil einige der Gäste ein abendliches Erfrischungsbad nahmen.

„Ich kann nicht mehr, ich schaffe es nicht zurück nach Hause, wenn ihr nicht helft. Bitte nehmt mich an Bord."

„Wie bist du hier rüber gekommen? Hey, du siehst richtig schlecht aus."

„Die kann gar nicht schwimmen. Die säuft gleich ab. Los, steig auf die Leiter!"

„Das wird nie was. Allein kommt sie nicht aus dem Wasser. Werft mal ein Seil runter. Wir müssen sie anbinden. Nichtschwimmer sollten zum Planschen am Strand bleiben."

„Wir binden dir jetzt das Seil um Brust und Bauch und du kannst dich vielleicht etwas an der Leiter festhalten."

Während sie Aina aus dem Wasser hoben, fiel ihr Kopf schlaff zur Seite. Zwischen Wasser und Himmel verließ sie die Kraft. Ihr Körper zeigte die Spuren der Misshandlung.

Eine Frau schrie: „Mein Gott, ist die in eine Schiffsschraube geraten?"

„Ruft schnell die Polizei an. Das ist kein Spaß."

Während Aina an Deck gehievt wurde, erbrach sie einen Schwall Wasser.

3. Kapitel

Hauptkommissarin Isabel Cifre Cerda rannte die Treppen im unübersichtlichen Neubau der Policia Nacional hinauf und wurde noch vor ihrem Büro im zweiten Stock von der Sekretärin aufgehalten.

„Ich habe Ihnen alles auf den Tisch gelegt, was ich über Alberto Batracio kriegen konnte. Das Tonband von Rufus Katzer schreibe ich gerade ab und lege es gleich dazu."

„Vielen Dank. Zum Glück gibt's keine Angehörigen auf Mallorca, die ich benachrichtigen muss. Bereiten Sie die übliche Presseerklärung vor und legen sie diese dem Abteilungsleiter zur Genehmigung vor."

Isabel wühlte sich an ihrem Schreibtisch durch die Unterlagen. Sie fand kein einziges Bild des gesuchten Batracio. Es gab auch keinen Hinweis auf eine Meldeadresse oder letzten Aufenthaltsort. Es gab keine einzige Vorstrafe im Register, nicht mal ein lumpiges Verkehrsdelikt.

Amtlich existierte gar kein Alberto Batracio.

Isabel war konsterniert. Ihr alter Intimfreund Rufus Katzer hatte ihr im letzten Jahr dauernd in den Ohren gelegen mit Gerüchten und persönlichen Beobachtungen über diesen Zeitgenossen, der sich von Anekdote zu Anekdote zu einem wahren Monster verwandelt hatte.

Sie hatte bei nüchterner Betrachtung bisher keinen Anlass zu einem polizeilichen Eingreifen gesehen und alle Geschichten Katzers journalistischer Sensationslust zugeschrieben. Ihr alter Freund Rufus hatte sich wohl in einen Verfolgungswahn hineingesteigert.

Gewohnheitsgemäß hätte sie fast zum Hörer gegriffen, um ihrem Quälgeist vom Dienst gehörig Bescheid zu sagen. Gerade noch rechtzeitig fiel ihr ein, dass sie seine gespeicherte Telefonnummer löschen konnte, was der zeitgemäßen Form einer Beisetzung entsprach.

Ihr Abteilungsleiter Caplonch hatte schon dreimal dringlich um Rücksprache gebeten, um Details ihres geplanten Vorgehens zu besprechen.

Ob Caplonch gerade vor Wut rotierte oder in Trauer über das Ende seines angeblichen Freundes in stille Verzweiflung verfallen war, dürfte Isabel so kalt gelassen haben wie die geschredderten Reste ihres Liebhabers. Sie war beim Durchblättern der Unterlagen gerade auf einen Zeitungsartikel von „El Pais", der größten Tageszeitung des Landes gestoßen, der ein Bild von König Juan Carlos zusammen mit Alberto Batracio zeigte.

Endlich ein Anhaltspunkt!

„Sag Caplonch, ich habe dringende Ermittlungsarbeit", rief sie treppabwärts ihrer Sekretärin ins Zimmer und rannte zu ihrem Wagen. Da sie nicht wusste, ob das Blatt nur eine Druckerei oder auch ein Zeitungsarchiv in Palma hatte, entschied sie, gleich „Ultima Hora" aufzusuchen. Sie gab Vollgas, setzte das Blaulicht aufs Wagendach und rief Felicitas Sureda an, eine Journalistin, die sie besser kannte, als ihr lieb war.

„Felicitas, hier ist Deine Lieblingskommissarin Isabel Cifre Cerda, hör zu – nein, lass mich reden! - wenn Du mir jetzt hilfst, bist Du die erste, die was über meine Ermittlungen in Sachen Rufus Katzer erfährt. Versprochen!"

Sie ließ Felicitas Sureda nicht zu Wort kommen. „In eurem Zeitungsarchiv ist ein Foto vom König mit einem gewissen Batracio, erschienen in „El Pais" Juni 1999. Mach mir eine gute Kopie. Katzer behauptet, Batracio sei auch in Geldwäsche unserer Betonmafia verwickelt. Benidorm, Marbella usw. Bisher nur eine Behauptung. Such mir alles zu dem Thema raus, was Du finden kannst. Ja, alles! Ich brauch das bis gestern! Bin gleich in der Redaktion!"

Isabel nahm den Fuß nicht vom Gas. In einem Formel 1-Rennen wäre sie zwar nie auf die pole-position gekommen, aber sie fuhr besser als alle Kollegen der Mordkommission und bewies das auch jetzt, als sie mehrere Fast-Zusammenstöße erfolgreich vermied.

In der Redaktion fand sie weder Frau Sureda noch sonst jemand von Politik oder Lokales. „Gut, dass Sie selbst kommen", sagte der Chefredakteur. „Wir brauchen noch einen aktuellen Kommentar zu unserem Hauptaufmacher mit der Autobombe."

„Wo geht's zum Archiv", fragte sie außer Atem.

Er zeigte stumm Richtung Keller.

Im Archiv herrschte hektisches Treiben. Vor den Regalen lagen Ordner, herausgerissene Bände waren gestapelt, Felicitas Sureda kommandierte „alle Akten ‚Malaya' bitte komplett zu mir!"

‚Malaya' war der Begriff für ein antikes Folterinstrument. Jetzt führte die spanische Polizei ihren größten Schlag gegen die Baumafia in Andalusien unter diesem Stichwortwort.

Isabel bot sich das Bild eines riesigen Ameisenhaufens, der von einem Braunbären auf der Suche nach Honig durchwühlt wurde. Felicitas Sureda eilte geschäftig auf sie zu.

„Zwei Dinge sind so sicher wie das Amen in der Kirche. Erstens: Es gibt unter dem gesamten Zeitungsmaterial der Welt nur ein einziges Foto von Alberto Batracio.

Zweitens: Obwohl oder weil er der große Unbekannte im schlimmsten Bauskandal Spaniens ist, taucht sein Name, soweit wir bisher sehen können, kein einziges Mal in tausenden von Berichten auf. Woher hat Dein Informant Rufus Katzer seinen unglaublichen Tipp?"

Offenbar waren die Zeitungsleute der Hauptkommissarin in ihren Recherchen zwei Stunden voraus. Kein Wunder, sie hatten alle Zeit der Welt gehabt, sich mit Katzers Anschuldigungen und Behauptungen auf seinem Tonband zu beschäftigen.

Isabel Cifre Cerdas erste Bilanz war ernüchternd. Sie musste nur einen Mörder finden, den es nach Aktenlage nicht gab.

Sein Name war offenbar nur eine Fiktion. Seine Existenz wurde durch ein einziges Foto bezeugt, das ihn neben dem zurückgetretenen König Juan Carlos zeigte. Ein Zeuge, den kein Gericht vorladen würde. Und seine Erwerbstätigkeit so geheim und schemenhaft verwoben in einen Bau- und Korruptionsskandal, dass selbst über Mittäter nicht klar war, ob sie auf einer Pilgerfahrt zum Grab des Apostel Paulus oder einem Hatsch nach Mekka abgetaucht waren.

Was immer dieser Misthaufen war, er glich ihrem lieben Freund Katzer wie die Hinterlassenschaft eines dementen Huhns aus Käfighaltung.

Isabel griff wahllos einen herumliegenden Artikel der Journalistin *Andrea Heigl* vom 11.Oktober 2013 aus dem Stapel heraus, der unter dem Titel **„Von der Luxus-Finca ins Gefängnis"** in „Der Standard" erschienen war. Die Unterzeile lautete: „Marbella war einst der Hotspot des Mittelmeer-Jetsets. – Heute ist es vor allem für seine dekadent-korrupten Politiker bekannt."

„Nur wenige alte Häuschen „überlebten" den Bauboom in Marbella. Riesige, größtenteils leerstehende Wohnbauten dominieren heute die Costa del Sol. Doch auch unfertige Rohbauten prägen das Stadtbild. Der Bau wurde meist aufgrund der finanziellen Krise gestoppt.

Juan Antonio Roca war beim Ausgeben von Geld ebenso erfinderisch wie beim Verdienen. Bevor das Korruptionsimperium des früheren Baudezernenten von

Marbella implodierte, hatte er neben diversen Luxusvillen, Hotels und Schiffen auch eine Herde von Kampfstieren und eine Sammlung alter Kutschen zusammengekauft. Auf Rechnung der Stadt orderte er nicht nur kistenweise teuren Wein, er war auch für dekadente Stierkampf-Events mit namhaften Toreros auf seiner privaten Finca bekannt.

Im Sommer 2006 nahm das schöne Leben ein jähes Ende. Roca wurde verhaftet – und mit ihm die gesamte Stadtregierung der 140.000-Einwohner-Stadt an der Costa del Sol, die in den 60er- und 70er-Jahren der Hotspot des Mittelmeer-Jetsets war. Die andalusische Landesregierung sah sich daraufhin gezwungen, eine Zwangsverwaltung einzusetzen.

Derzeit schlägt der Fall „Malaya" - die Polizei benannte ihre Aktion nach dem antiken Folterwerkzeug – noch einmal Wellen. Zu milde seien die Urteile gewesen, die das Gericht in der Provinzhauptstadt Màlaga vor wenigen Tagen verhängt habe, lautet die öffentliche Meinung. Roca muss für elf Jahre ins Gefängnis und 240 Millionen Euro Strafe zahlen, ein guter Teil davon fließt in die marode Stadtkasse. Maria Soledad Yagüe, Ex-Bürgermeisterin von Marbella, stehen sechs Jahre Haft und 2,3 Millionen Euro Geldstrafe ins Haus, ihre frühere Stellvertreterin Isabel Garcia Marcos kam mit vier Jahren Haft und 700.000 Euro Geldstrafe davon. Sie alle profitierten davon, dass ihre Delikte schon eine Weile zurückliegen, erst 2010 wurde das Antikorruptionsgesetz verschärft.

Bausünden sind allgegenwärtig

Das zweifelhafte Vermächtnis der korrupten Stadtpolitiker ist an der Costa del Sol allgegenwärtig: Bausünden und Ruinen, so weit das Auge reicht. Wer die A7 am Mittelmeer entlangfährt, sieht links und rechts riesige leerstehende Häuserkomplexe aufragen - inklusive breiter Zufahrtsstraßen und riesiger Golfplätze, die völlig unbenutzt wirken. Oft blieben auch nur verlassene

Baustellen, für deren Weiterführung oder Abriss sich niemand mehr zuständig fühlt. Erst vor wenigen Wochen kürte Greenpeace die Küste in und um Marbella zu einer der am schlimmsten verbauten Regionen von ganz Spanien.

In der Zeit des Booms schienen in Andalusien nicht nur das Geld, sondern auch die Gesetze abgeschafft zu sein. In den Zeitungen kursierten geradezu irre Bestechungssummen, beispiellos sogar für Spanien, wo man diesbezüglichen Kummer gewöhnt ist. Mehrere hundert Millionen soll über die Jahre allein Marbellas Ex-Baudezernent Roca kassiert haben, der ein weit verästeltes Netz aus Scheinunternehmen und Strohmännern aufgebaut hatte. Das Gericht stellte in seinem Urteil fest, dass sich Roca nicht einmal die Mühe gemacht hatte, die Stadträte mit einzelnen Projekten zu behelligen; er zahlte ihnen und ihren Mitarbeitern eine monatliche Apanage (streng abgestuft nach Hierarchie) und brachte sie so dazu „ihre Aufgaben vollkommen zu vernachlässigen", wie es in der Urteilsbegründung heißt.

Verdacht auf Veruntreuung der Subventionen

96 Personen saßen in Màlaga auf der Anklagebank – keine einzige davon aus dem derzeit in Marbella regierenden konservativen Partido Popular (PP), wie Bürgermeisterin Angeles Muños nach der Urteilsverkündung anmerkte. Sie muss aber gar nicht erst nach Madrid blicken, um auch in der eigenen Partei schwarze Schafe zu finden. Erst am Mittwoch trat der PP-Bürgermeister der Andalusischen Kleinstadt Alhaurin el Grande, Juan Martin Serón, zurück, nachdem ihn der Oberste Gerichtshof zu 200.000 Euro Strafe wegen Bestechlichkeit verurteilt hatte. In der andalusischen Landeshauptstadt Sevilla wiederum nahm die Polizei vor wenigen Tagen führende Gewerkschaftsmitglieder fest – sie stehen unter Verdacht, Subventionen in Höhe von 51 Millionen Euro veruntreut zu haben.

Im Fall „Malaya" hingegen ist die Polizei immer noch auf der Suche nach Ex-Stadträten, die sich früher auch gerne einmal in Badehose oder beim Champagnerbad fotografieren ließen. Einer, Carlos Llorca, soll sich gerüchtehalber der Hilfe von Schönheitschirurgen bedient haben, um untertauchen zu können. Ein anderer, Carlos Fernàndez, sagte der Polizei, er sei gerade auf dem Jakobsweg unterwegs, als sie ihn im Juni 2006 zum letzten Mal telefonisch erreichten. Die Polizisten legten ihm daraufhin nahe, er möge sich doch bei der nächsten Dienststelle melden. Sie warten bis heute vergeblich darauf. Gut möglich, dass Fernàndez mittlerweile bis nach Südamerika gewandert ist, um einem Prozess zu entgehen."

Hauptkommissarin Isabel ließ den Zeitungsartikel sinken. So sicher, wie Rufus Katzer ums Leben gebracht wurde, so sicher hatte sie es bei seinem Mörder mit einem Phantom zu tun. Sie spürte inzwischen fast körperlich, dass dieser Mord auch ihr selbst gegolten hatte.

Es war nur ein Bauchgefühl. Sie würde diesem Gefühl vertrauen. Das hatte sie vorangebracht und in der harten Konkurrenz der Männerwelt erfolgreich sein lassen.

Es gab hunderte von Artikeln, die sich mit dem Wust von Glücksrittern, Betongeldlöwen und spekulativen Bauprojekten zwischen Màlaga und Benidorm befassten. Die *Ultima Hora* würde morgen ihren Hauptaufmacher über Alberto Batracio damit füttern, vermutlich auch den abgedankten König Juan Carlos mit hineinziehen und das Ganze mit vielen Fragezeichen absichern.

Dass Alberto Batracio nirgendwo genannt wurde, zeigte nur, dass er schlauer war als die vielen parteipolitischen Raffkes und geldversessenen Gauner, die jetzt im Gefängnis saßen oder auf den Fahndungslisten standen. Er blieb ein anonymer

Schmiermaxe. Als es 2008 zur Finanzkrise kam, tauchte sein Name nirgendwo auf. Genial.

Er kam aus dem Nichts und er verschwand im Nichts. Aber irgendwoher musste auch er sein Betriebskapital haben. Katzer hatte die verschlungene Spur dieses Al auf den Balearen aufgenommen und Isabel immer wieder mit seinen haarsträubenden Fundstücken bombardiert, die sie ungeprüft in ihrer Loseblatt-Sammlung „Auf bessere Zeiten" verschwinden ließ.

Er tat ihr leid. Sie tat sich leid. „Man findet Alberto Batracio nicht", hatte er zuletzt am Telefon gesagt. „Der Kontakt findet nur über tote Briefkästen statt." Als sie ins Polizeipräsidium zurückfuhr, wusste sie nicht, was sie ihrem wahrscheinlich tobenden Chef Caplonch anstelle eines Offenbarungseides vorlegen sollte. Dabei fiel ihr der schwerverletzte Rottweiler ein, den Katzer zurückgelassen hatte. Er hatte das Tier immer seine „Seelenschwester" genannt. "Öhrchen" war das letzte, was von ihrem alten Freund geblieben war. Sie erinnerte sich jetzt wieder, dass es sich um eine Hündin handelte.

Sie griff zum Telefon und rief das Polizeirevier in Pollença an. Ihr Kumpel Benito war nicht zu erreichen. „Was ist mit der verletzten Hündin, die von euch zum Tierarzt gebracht wurde. Habt ihr euch darum gekümmert?"

„Die wird operiert. Wir haben noch nicht gehört, wie es verlaufen ist."

„Sagt in der Klinik Bescheid, dass ich sie persönlich gleich holen komme."

Isabel kannte die Geschichte der Hündin, seit diese von ihrem ersten Besitzer auf die Straße gesetzt wurde. Die Hündin lebte mit diesem Trauma. Heute schien es sich zu wiederholen. Herrchen hatte sie aus dem Auto gezerrt und war dann samt Auto verschwunden.

Sie fand die Tierklinik in Port de Pollença, parkte ihr Auto direkt daneben im Halteverbot vor einem Fitnessstudio. Das Fitnessstudio war wegen Corona geschlossen. Daneben ein Hundefriseur. Ebenfalls geschlossen. Der Lockdown wurde durch einen geschlossenen Goldschmied gekrönt. Die Tierklinik bot Corona Trotz und war rammelvoll. Isabel rannte durch den vollbesetzten Warteraum ins Sprechzimmer und wedelte mit ihrem Polizeiausweis. Die Tierärztin war irritiert und ganz Fragezeichen.

„Wo ist die Hündin, die heute die Bombe überlebt hat?"

„Hinten in der Aufwachstation. Müsste gleich aus der Narkose kommen."

Isabel sah die Ärztin mit einem flehentlichen Blick an, der besagte, ab jetzt keine schlechten Nachrichten mehr.

„Ich kümmere mich um das Tier. Ich zahle für die OP. Was ist . . . von ihr übrig? Bitte sei ehrlich."

„Es scheint wie ein Wunder. Keine inneren Organe verletzt, nur Quetschungen samt Riss im Fell und die linke Hinterpfote gebrochen. Das linke Ohr ist schon in der Jugend verheilt, da fehlt die Hälfte."

„Bring mich zu ihr."

Die Ärztin trat leise in das von Kunstlicht erhellte Zimmer. Öhrchen hob vorsichtig den Kopf. Sie war weiß bandagiert und glich einer Mumie. Isabel trat heran und suchte nach etwas Fell zum Streicheln. „Hallo meine Süße, ich bin bei dir, ich komme dich holen!"

Öhrchen machte den Versuch, aufzuspringen, fiel jedoch gleich wieder um. Sie roch aufgeregt an Isabel, verrenkte ihren Kopf und leckte ihr wild durchs Gesicht. Ihr Japsen ging in ein ungezügeltes Jaulen über, und diesmal gelang es ihr, hochzukommen und mit dem Schwanz zu wedeln. Isabel drückte ihr Gesicht an den Kopf der Hündin und ließ sich die Tränen ablecken, während die Tierärztin das Halsband umlegte.

„Die Patientin ist ausgehfertig. Täglicher Verbandwechsel beim Facharzt und Vorsicht beim Gassigehen. Wir helfen Ihnen beim Einsteigen. 40 Kilo eines Rottweilers sind ja nicht ohne. Meine Assistentin geht Ihnen zur Hand."

Isabel schlang beide Arme um den Vorderkörper der Hündin, während die Assistentin das Hinterteil mit einem breiten Gurt umspannte, was den Hundetransport wie einen Paradeakt zu Ehren des verlassenen Fitnessstudios aussehen ließ. Eine der wartenden Zuschauerinnen ließ es sich nicht nehmen, ein Erinnerungsfoto mit ihrem Handy aufzunehmen.

„Schicken sie es bitte ans Polizeipräsidium, zu Händen Hauptkommissarin Cifre Cerda."

Zum Glück war der Platz in Isabels Toyota geräumiger als der in Katzers Karre. Sie versuchte, so vorsichtig wie möglich ins Präsidium zu kommen. Es gelang, obwohl Öhrchen immer wieder versuchte, ihr Gesicht zu lecken. Das Tier sprang schwanzwedelnd selber ins Freie und löste damit auch die letzte Frage, die sich die Kommissarin während der Fahrt gestellt hatte.

Statt der Treppe nahmen sie den Fahrstuhl, für Isabel eine neue Erfahrung. Für Öhrchen war alles neu, vor allem die Fortbewegung auf dem kaputten Hinterlauf. Isabel stürmte ins Büro des Kripochefs, wegen des theatralischen Effekts ohne Anzuklopfen.

„Sagen Sie nichts. Wir beide wissen nichts, was nicht schon in der Öffentlichkeit ist. Der Fall ist so gut wie geklärt. Nur dass der Täter amtlich nicht existent ist. Unser einziger Zeuge hier bleibt in Polizeigewahrsam."

4. Kapitel

Alberto Batracio machte sich nichts aus Geld. Warum auch? Wenn er was hatte, gab er es aus. Fast zornig. Nichts konnte ihm ersetzen, was er verloren hatte. Nie und nimmer.

Als abgehauenes Heimkind hatte er gelernt, in Palma unsichtbar zu bleiben. Manchmal schlief er in Abrisshäusern oder Baracken. In Palmas Gassen nutzte er die Gutmütigkeit einer Pennerin, die mit ihrem Hund unter einer Decke schlief. Sie ließ ihn zwischen sich und das Tier, weil er zitterte. Der Hund war warm und roch gut.

Als Knirps unter Knirpsen fiel auch bei den Fischern immer was für ihn ab, wenn er ihnen beim Ausladen half. Oder mit ihren Netzen. Manchmal aß er rohe Makrelen. Keiner fragte nach seinem Namen. Er wusste selbst nicht, ob er je einen besessen hatte.

Er war keine zwölf, als er sich in der finsteren Gasse unter dem Almudaina Palast ficken ließ. Kein Traumjob, aber gutes Geld. Er hasste die Welt für sein Schicksal, aber wenigstens gab es jetzt Scheine für das, was er vorher im Heim umsonst geben musste. Sein Arsch gehörte da jedem.

Er war mit Abstand der Jüngste unter den Strichern und er musste nun nicht mehr rohe Makrelen essen. Ein Freier ging einmal mit ihm in die Toilette des großen Umsteigebahnhofs an der Placa d' España. Ein guter Platz. Hell und sauber.

„Fast wie im Himmel", sagte Alberto.

„Ein Geheimtipp", sagte der Freier, ein Gay um die Fünfzig. „Suchst Du den wirklichen Himmel?"

„Ja."

„Dann komm mit nach Ibiza. Viele junge Menschen, jede Menge Freiheit, keine Bullen. Das Paradies."

„Glaube ich nicht".

„Wenn Du mitkommst, kannst Du's erleben. Ich liebe die Insel, habe viele Freunde da. Du bist willkommen."

„Bin ich nicht. Hab keine Papiere."

„Ich bürge für Dich. Ich zahl Deine Überfahrt. Du bist . . . wie mein Sohn."

„Ok, Papa, Du zahlst mein Ticket für die Fähre. Aber ich habe nur einen Schülerausweis für den Bus. Den habe ich mal . . . so gefunden."

„Ist einen Versuch wert."

Der Junge sah sich den Schülerausweis an und versuchte, sich den Namen zu merken. Komischer Name. Du bist jetzt Alberto – wie soll ich heißen – Ba-trac-io. So gut wie jeder andere Name.

Er hatte sich nie Gedanken gemacht, keinen Namen zu haben. Ein gefundener Schülerausweis genügte. Selbst der war überflüssig. Sein Markenzeichen war No-Name. Der schönste Knackarsch von Palma. Sonst nichts.

Sie nahmen den Bus zum Hafen und gingen zur Fähre. Zwei Stunden bis Ibiza, für Residenten der halbe Preis. Viele Ausländer, die meisten ohne Auto.

Die „Balearia" kam bald, alle standen in Reih und Glied. Jeder hielt sein Ticket in der einen und viele ein Gepäckstück in der anderen Hand. Der Freier suchte seinen Ausweis und zeigte dann Ticket und Ausweis vor. „Der Junge hat selber alles dabei", zeigte er auf Alberto und ging flotten Schrittes voraus, wie um den entstandenen Abstand zu den vorangegangenen Passagieren einzuholen.

Alberto gab dem Kontrolleur sein Ticket. Der sah ihn fragend an. „Resident oder Ausländer?"

„Resident" sagte Alberto und gab ihm seinen Schülerausweis. Der Kontrolleur nahm das Dokument und betrachtete es von allen Seiten. „Was soll denn das sein?"

Jetzt oder nie, entschied Al und rannte dem Freier hinterher. „Papa, Papa – warte auf mich!"

Sie gingen beide flotten Schrittes aufs Boot. Der Kontrolleur schaute ihnen kopfschüttelnd hinterher, steckte den Schülerausweis ein und machte seinen Routinejob weiter.

Alberto hatte noch nie als Passagier eine Fähre betreten. Bisher hatte er nur auf kleinen Fischerbooten ausgeholfen, den mallorquinischen Llaüts. Den Fischern reichte es, wenn er oben blieb. Ihn bei der Schaukelei aus dem Wasser zu holen, kostete immer Zeit.

Er hatte das Gefühl, eine Reise ohne Wiederkehr anzutreten. Eine große Leere füllte ihn aus.

Es gab nichts zu sagen. Er trennte sich schon auf dem Schiff von dem Gay und ging seiner Wege. Als sie in Ibiza festmachten, war Nachmittag.

Al stieg allein in einen Citybus. Die Strecke war kurz. Er stieg aus und setzte sich auf eine Bank. Er konnte nicht sagen, warum alles anders war als in Palma. Die Zeit war hier offenbar stehengeblieben. Er fühlte sich zum ersten Mal frei und schlief übergangslos ein.

Er erwachte wegen der drei Jungen, die um ihn rumstanden. Sie lachten und sprachen laut. Sie hatten sehr lange Haare und ihre Hosen waren zerschlissen mit vielen Löchern. Ihre T-Shirts sahen aus wie selbstgemacht.

Sie betrachteten ihn wie einen Alien. Das Auffälligste war sein kahler Kopf, aber auch die Kleidung entsprach nicht einem Ibizenco. Sie trugen hier Sandalen oder gingen lieber gleich barfuß.

„Wo kommst denn Du her?" Er sah jünger aus als sie. Wie einer, der irgendwo abhanden gekommen war.

Unlustig, direkt zu antworten schaute er sie lange an. „Was habt ihr vor? Kann ich mitkommen?"

„Wenn dich keiner vermisst, schließ dich an. Bei uns bist du gut aufgehoben. Wir schauen gerade, wo was los ist."

Al erhob sich von seiner Bank. „Gibt es hier Seeräuber?" Er war kleiner als sie, aber er kam von der Straße. Straßenleben war Krieg. Sie sollten wissen, mit wem sie sich einließen.

„Wie heißt du?"

„Nennt mich Al."

Na schön, nun hatten sie einen Namen. War so gut wie jeder andere. Sie lachten wieder.

„Für Seeräuber kommst du zu spät. Lange her, dass die letzten Moros hier waren. Nur noch Touristen. Aber genauso lästig."

„Die Insel war strategisch gut abgesichert mit ihren sieben Festungstürmen. Du kannst sie unterwegs immer noch finden. Wenn Seeräuber kamen, wurde das von Turm zu Turm weitergegeben. Dann flüchteten die Ibizencos aus ihren winzigen Dörfern in ihre Wehrkirchen. Die gibt's alle noch. Und im Osten ist Tagomago, damals der letzte Zufluchtsort der Moros. Jetzt unbewohnt, gehört uns."

Albertos Augen funkelten. „Da müssen wir hin."

Sie lachten. „Ein ziemliches Ende bis da. Kannst du schwimmen?"

„Wie ein Fisch."

Al dachte daran, wie oft er von einer Llaüt gefallen und von unwilligen Fischern wieder an Bord geholt worden war. Wenn der Strand nicht zu weit war, war er allein heim geschwommen.

„Tagomago ist eins von den kleinen Atollen, die Ibiza umgeben. Den Pityusen. Gehört niemand und wurde von den Freibeutern als Versteck für ihre Beute benutzt. Unerreichbar für Ibizencos, die konnten nicht schwimmen.“

Sie verließen die Altstadt mit ihren weißgekalkten Häusern und orientierten sich zum Strand. Hier war offenbar jeder auf Urlaub. Keine Eile und kein Gehupe wie auf Palmas Straßen. Ein offener Geländewagen zockelte vorbei, die Insassen winkten. Die drei Begleiter von Al winkten zurück und baten um einen Lift.

„Wo wollt ihr hin?“

„Tagomago“.

„Aber nur bis zum Ufer. Wir haben keinen Außenborder dabei.“ Gelächter.

Die drei Hippies und Al quetschten sich in den Jeep. Ziel Tagomago, an Buchten und Traumstränden vorbei, einige menschenleer. Menschen drängt es eher zu anderen Menschen. Wo es aufwärts ging zum Leuchtturm - mit seinem wahnsinnigen Rundblick und einmaligem Sonnenuntergang - trennten sie sich. Al und seine drei Hippies schlenderten zum Gestade, von wo man am besten Tagomago erreicht. Die kleine Insel war ziemlich flach, buschig und zum Greifen nahe. Die Ufer zeigten allerdings meist schroffe Felsabbrüche.

Auf der Gegenseite schaukelten Schiffe verschiedener Größe vor einer Mole. „Naturschutzgebiet, betreten verboten“, sagte Frederic, der unrasierteste von ihnen.

„Wie weit?“, wollte Al wissen. Er dachte an die Seeräuberschätze.

„Keine 900 Meter“, sagten sie. „Bei ruhiger See ein Kinderspiel. Es gibt einen Anlegesteg.“

„Na denn, “ blickte Al in die Runde. „Kommt einer mit?“

„Bis wir drüben sind, ist dunkel. Lass uns morgen machen".

Jetzt nicht überlegen, dachte Al. Einfach nicht überlegen wie damals, als du aus dem Heim abgehauen bist. Es gibt nur diesen einen Moment oder keinen.

Er ging, bis das Wasser die Knie erreichte, zog die Füße hoch und band die Schuhe an den Gürtel. Schon tauchte der Kopf unter Wasser. Im Hundekraul schwamm er Richtung Tagomago. Er hielt einen Moment inne, um die Richtung zu korrigieren. Dann machte er weiter.

Das Kind ohne Namen war kein Kind mehr, als er die Leuchtturminsel schwimmend erreichte. Er hatte ihren Namen vergessen, so wie er seinen eigenen vergessen hatte. Es war Nacht und er war am Ziel.

Er fühlte den Bootssteg und zog sich daran hoch. Rücklings lag er auf dem nassen Holz. Der Sternenhimmel war schwindelerregend. Er zog seine Schuhe an und folgte dem Steg bis ans Ufer. Es war sandig und ging bergauf. Der Weg gabelte sich. Links ging es aufwärts zum Leuchtturm, hatten die Hippies gesagt.

Er dachte nach. Der Turm war in Betrieb, wie man sehen konnte. Sicher war jemand drin und verwehrte den Eintritt. Oder er war geschlossen und man kam sowieso nicht rein. Sicher war er allein. Er entschloß sich und ging weiter nach rechts unten.

Der Gedanke, niemand zu treffen und allein zu sein, machte ihn glücklich. Endlich vollkommen frei. Er ging weiter und weiter. Es war dunkel und warm. Er suchte einen Platz zum Schlafen.

Er erschrak zutiefst, als sich neben ihm etwas bewegte. Er erstarrte. Eine Mädchenstimme fragte: "Wer bist du? Wo kommst du her?"

Er entspannte. Keine Gefahr. „Und wer bist du? Was machst du hier?"

„Ich lebe hier. Hab's mir nicht ausgesucht. Jeden Tag kochen. Für die Geschwister und unseren Vater. Langweilig. Unsere Mutter ist abgehauen."

„Was macht dein Vater hier? Ich denke, die Insel ist unbewohnt?"

„Ist sie auch. Vater ist Fischer und hat hier auf Tagomago nur sein Zeug, weil auf Ibiza kein Platz ist. Keiner kümmert sich darum."

„Niemand?"

„Er bleibt oft in Ibiza, wenn der Fang gut war. Wir essen dann allein. Komm mit, wenn du Lust hast. Ist noch viel übrig."

Er nickte. Das Mädchen war barfuß und nur in Lumpen gekleidet. Sie nahm ihn bei der Hand. Er dachte an seine heimlose Zeit bei den Fischern Mallorcas. Das Mädchen roch gut. Er wollte essen und er wollte vögeln. Eins nach dem andern. Mit einem Mädchen hatte er noch nie versucht.

Als sie ihre Höhle erreichten, wollte er nur noch vögeln, obwohl zwei Geschwister zusahen. Er zog sie auf eine Pritsche und strich über den Ansatz ihrer Brüste. Die Lumpen störten. Sie zogen sich beide aus. Keines der Mädchen hatte je einen nackten Jungen gesehen. Sie betrachteten ihn wie einen fremden Fisch.

Der Versuch, in sie einzudringen, misslang. Solange die Zuschauerinnen nicht mitmachten, störten sie. Er griff sich das jüngste Mädchen und fuhr mit dem Finger zwischen ihre Beine. Das Mädchen erstarrte. In dem Moment wurde der Höhlenvorhang aufgerissen. Der hereinstürmende Fischer zögerte keinen Moment, riss eine Treibleine von der Wand und drosch auf den nackten Jungen ein.

Die knotige Leine biß tief in sein Fleisch, fauchte wieder und wieder und erzeugte auf seinem Stricher-Po ein so schmerzvolles Lustgefühl, dass er gewollt oder ungewollt seinen ersten Orgasmus hatte. Er war so außer sich wie sein tobender Feind, der ihn zu strangulieren drohte.

Er packte das jüngste Mädchen, drückte ihren Hals zu und rannte zum Ausgang. Dort ließ er die Last fallen und rannte um sein Leben, beherrscht von zwei Gedanken: Rache und Weiterleben!

Niemand folgte ihm. Seine Erniedrigung war total. Würde Rache sie jemals heilen? Die Welt war ihm alles schuldig geblieben. Er würde es sich zurückholen.

Erst einmal Abstand gewinnen. Er trottete den Weg zurück, den er gekommen war. Bis zu der Gabelung, an der er die Tochter des Fischers getroffen hatte. Er roch an seinen Fingern, die immer noch ihren Geruch trugen. Diesen Geruch verband er mit seinem Racheschwur.

Er schlug den Weg zum Leuchtturm ein. Es war nur ein Trampelpfad, im Unterholz leicht zu verfehlen. Er stolperte mehrfach, fiel und blickte in den Himmel. Das prächtige Schauspiel über ihm war stumm und verweigerte die Antwort.

Endlich sah er den Turm. Vielleicht könnte man doch eintreten und hinaufgehen. Von der Spitze zuckte das regelmäßige Lichtsignal über die Insel hinaus aufs Meer.

Er ging zum Eingang. Zwei Männer traten heraus. Sie redeten laut im Dialekt von Ibiza. Obwohl er nicht mit ihnen gerechnet hatte, sprach er sie an.

„Habt ihr Dienstschluss und fahrt jetzt zurück nach Ibiza?"

„Für uns ist Feierabend. Aber was treibst du dich hier rum, hier ist der Zutritt verboten. Alles Naturschutzgebiet."

„Ich bin mit dem Fischer hergekommen. Wir hatten Streit. Ich hätte es zurück gern per Autostopp versucht, aber keine Chance. Könnt ihr mich mitnehmen?"

„Uns ist jeder Personenverkehr auf die Insel verboten."

„Ich will auch nur weg. So schnell wie möglich. Und bestimmt nicht wiederkommen."

„Okay, komm mit. Aber du hast uns nie gesehen, verstanden?"

Der Junge nickte. Sie gingen zum Anlegesteg und bestiegen ein kleines Motorboot. Sie lösten das Seil. Schweigend fuhren sie durch die Nacht. Niemand begegnete ihnen. Der Junge fragte nach der Uhrzeit.

„Gleich Halb Elf", sagte einer der Männer. „Wo willst du hin?"

„Egal", sagte der Junge. „Setzt mich einfach irgendwo ab."

Als sie anlegten, sprang er als erster von Bord. Bloß keine weiteren Fragen. „Muchas Gracias. Adios!"

Er versuchte, auf zwei zusammengestellten Stühlen in einem Chiringuito zu schlafen. Das war unbequem, da es sich um Korbstühle handelte. Je länger er allein der Nacht ausgesetzt war, desto schlimmer wurden seine Schmerzen. Sein ganzer Körper war von der Prügelei mit der Fangleine zerschrammt. Er legte sich vorsichtig in den Sand und blieb wach bis zum nächsten Tag. Der Sonnenaufgang wärmte seine Glieder, aber sein Herz blieb kalt. Er dachte nach.

Er würde sich lange Haare wachsen lassen. Als „peludo" wäre man einer von vielen.

5. Kapitel

Isabel ließ sich auf ihren Bürosessel fallen und zog die Schuhe aus. Ihr Chef hatte kein Wort mit ihr gesprochen, was sie als Erfolg ansah. Sie war noch nicht von diesem Fall abgezogen. Sie konnte weitermachen. Die ganze Behörde stand hinter ihr. Noch.

Sie würde auf jeden Fall weitermachen, selbst wenn sie suspendiert würde. Aber so war die Ausgangslage besser. Jeder neue Tag war ein Gewinn.

Sie blickte auf den Hund, der sich neben ihr auf dem Boden zusammengerollt hatte. Der Hund hechelte und blickte erwartungsvoll zu ihr hoch. Sie durchforstete ihr Hirn nach gemeinsamen Bekannten, die das Tier mit ihr und Rufus Katzer zusammen erlebt hatten. Ihr fiel niemand ein. Die Trennung zwischen ihnen war zu lang gewesen, obwohl Katzer ihre Bekanntschaft bis zum Schluss weiter für seine Nachforschungen nutzte.

Aber was war mit Katzers gutem Draht zu Europol, seinem deutschen Freund in Wiesbaden? Wie war gleich sein Name, Max oder so, Max Friedmann. Ihr Chef Caplonch kannte ihn gut. Viel besser als sie selbst. Sein Sekretariat hatte sogar die direkte Nummer. Er würde die Einschaltung Friedmanns auf jeden Fall decken. Obwohl von Natur aus eher menschenfeindlich, hatte er ein fast väterliches Verhältnis zu diesem Mann, den er als Berufsanfänger kennen gelernt hatte.

Sie ließ sich mit Wiesbaden verbinden. Der Abteilungsleiter sei in einer Besprechung, hieß es. „It is urgent, very urgent", drängelte sie. „Die spanische Mordkommission braucht seine Hilfe im Mordfall Rufus Katzer."

Eine Minute später war Friedmann selbst am Telefon. Er schien verwirrt. „Warum ruft Herr Katzer nicht selber an?"

„Weil er heute ermordet wurde." Um sicher zu sein, dass ihre Worte ihr Ziel erreichten, machte sie eine Pause. Zum Glück fiel ihr ein, dass Friedmann perfekt Spanisch konnte. So war er als junger Dienstanwärter vor langer Zeit auf ihren Chef Caplonch gestoßen.

„Im Gegensatz zur spanischen Polizei kannte Herr Katzer seinen Mörder persönlich. Er nannte ihn Al Batracio. Der Täter ist laut Katzer ein Mädchenschänder und Päderast. Es gibt leider keinen spanischen Bürger dieses Namens. Dennoch muss es sich um einen Spanier oder zumindest um einen Europäer handeln. Einen Mann mit viel Geld und viel Einfluss. Wir schicken Ihnen unser einziges Foto mit der Bitte, dieses unbekannte Phänomen in Ihre Fahndungsliste aufzunehmen."

„Frau Cerda, Sie überrumpeln mich. Sie treffen mich völlig unvorbereitet. Vielleicht erinnern Sie sich nicht mehr daran, aber wir haben uns schon kennengelernt. Seien Sie jetzt bitte so gut und verbinden mich mit Ihrem Chef. Ich weiß, dass er ekliger sein kann als Eiswürfel im Bett, aber das hier ist Chefsache."

Isabel war froh, ihrem Chef eine Probe ihres Fischens im Trüben liefern zu können und verband Friedmann weiter, während sie über einen zweiten Apparat den Hausspezialisten Alfredo Borg für Fahndungsfotos zu sich beorderte.

„Alfredo, bitte gleich ein Bild zur Fahndung nach Al Batracio rausgeben, aber ohne den König Juan Carlos daneben. Das Bild muss auch an Europol zu Händen Max Friedmann. Die Vorlage ist in meinem Büro."

Sie marschierte auf Socken zu ihrem Büroschrank mit der Sonderablage „Auf bessere Zeiten". Die vielen Akten mussten sofort umsortiert und aktualisiert werden. Während sie zum

Schrank ging, sprang Öhrchen auf und hinkte hinter ihr her. Sie drehte sich um.

„Hör auf, hier rumzurennen – sitz! - werd erst mal heile."

Sie setzte sich mit dem Rücken zum Hund und begann, die Ordner auf den Boden zu stapeln. Alter Kram kam nach links, aktuelles zur Rechten. Viel Fleißarbeit aus dem Sekretariat, noch mehr, was warten konnte.

Sie begann, über den Mörder nachzudenken, der ihr Leben so drastisch verändert hatte. Wer war er heute, wie alt, welche Eigenschaften, wo kam er her, was hatte ihn geformt? Alfredo Borg stürmte in ihr Büro und blieb an der Tür, unschlüssig wegen der unerwarteten Szene. Sie war so in Gedanken, dass sie sich nicht einmal umgedreht hatte. Barfuß, mit dem Rücken zur Tür. Und neben ihr saß ein bandagierter Hund. Ziemlich verwirrend.

„Auf meinem Tisch liegt der Zeitungsartikel, den Du bearbeiten sollst. Mach mir zusätzlich ein Computer-Bildnis aus der Jugend des Gesuchten. Und eins aus der frühen Kindheit. Wo kommt dieser Typ her? Wer war er? Was hat ihn geprägt? Lass Deinen Computer sprechen und gib Deinem Affen Zucker. Ich setz mich neben Dich und lass mich überraschen."

Sie sprang auf und zog ihre Schuhe an. Öhrchen sprang auch auf. „Du bleibst hier. Sitz!"

Sie rief Caplonch an.

„Wann können wir uns alle im großen Sitzungssaal treffen?"

„Jederzeit."

„Sagen wir in einer halben Stunde. Gibst Du bitte Alarm".

Sie gingen in Borgs Computerraum. „Erst die Fahndungsfotos."

„Logisch."

Das Aktuelle war schnell erledigt. Er fragte: "Wie weit wollen wir im Alter zurückgehen?"

„Ungefähr zwanzig Jahre und dann noch ein Kinderbild."

Der Computer spielte ein paar Varianten anhand des Zeitungsfotos durch. Isabel blickte lange auf alle Vorlagen. Sie lauschte auf ihre innere Stimme. Das Kinderfoto sagte ihr gar nichts.

„Alfredo, stell Dir ein Gör vor, das keine Eltern hatte. Dem man alles genommen hat außer einem Rest Leben. Ein Streuner mit Kinderaugen."

Alfredo Borg gab sich große Mühe. Isabel war nicht überzeugt, aber sie musste zum Sitzungssaal. „Wir treffen uns später noch mal." Sie rannte los zum Großen Saal.

Alle im Präsidium hatten das gleiche Ziel. Eigentlich war Feierabend, aber niemand fehlte. Die Nachrichten des Tages kreisten nur um ein Thema und Pollença war, den Reportagen zufolge, ein Trümmerhaufen. Eben war noch die Neuigkeit von der Großfahndung dazu gekommen.

Isabel verteilte die Fotos. Das aktuelle ohne König und das Computerbild vom jugendlichen Al Batracio. Zwei Kollegen waren in Quarantäne wegen der Pandemie.

Das Wort hatte der Chef der Mordkommission, der selbst kränklich aussah und es gleich an Isabel weitergab: „Wir stehen vor der größten Herausforderung seit unserem Bestehen. Nur der Erfolg zählt! Bitte, Frau Hauptkommissarin."

„Ein Journalist wurde heute früh in Mallorca per Autobombe samt seinem Fahrzeug in Stücke gerissen. Dieses Attentat ist in Spanien einmalig an Brutalität und Kaltblütigkeit. Die Spurensicherung bescheinigt den Verursachern höchsten professionellen Standard. Nach einem vom Opfer beschuldigten Täter wird europaweit gefahndet."

Isabel unterbrach das Geraune der Anwesenden, indem sie energisch die Hand mit den restlichen Fahndungsbildern hob.

"Wir haben sein Bild und wir haben einen Namen. Nur leider gibt es weder eine Person noch diesen Namen in Spanien, wahrscheinlich auch nicht im Rest von Europa. Al Batracio ist ein Phantom."

Betroffenes Schweigen.

„Wir glauben, dass er exzellente Beziehungen hat, die selbst vorm Königshaus nicht halt machen. Er ist wahrscheinlich reich und er liebt junge Mädchen. Aber gesetzeswidrige Kontakte zu Minderjährigen sind in diesem Land ja keine Seltenheit."

Gelächter beim Publikum. „Wir stochern im Nebel."

„Woher stammt das Foto?"

„Ein Zeitungsfoto der „El Pais" von einer Begegnung mit dem König Juan Carlos in Ibiza aus 1999."

„Kein Name und nur ein Zufallsfoto – könnte es vielleicht sein, dass unser Phantom ein Geheimdienstler ist?"

Scheiße. In diese Richtung hatte die Hauptkommissarin bisher nicht gedacht. Dabei hatte dieser überkandidelte Katzer bei seinen Nachforschungen mehr als einmal solchen Typen aller Nationen ins Handwerk gepfuscht.

Sie war objektiv befangen. Sie dachte nicht unabhängig in alle Richtungen. Sie hatte sich von der ersten Minute an verheddert oder wie?

„Eine verdammt gute Frage, lieber äh, liebe Kollegin. Wenn es darauf hinausläuft, haben wir schlechte Karten. Wir müssen auf jeden Fall Katzers Vita genauso akribisch unter die Lupe nehmen wie die des Täters. Ein Puzzle für Nervenstarke. Lassen Sie sich bitte alle die Abschrift von Katzers Rundfunkansage geben. Und Du, liebe Kollegin, kommst bitte mit zu einem persönlichen Brainstorming."

Sie schleifte die blutjunge Verena Montes mit in den Computerraum ihres Visagenzauberers Alfredo Borg. „Verena, Du bist brillant. Wie alt bist Du jetzt?"

„26. Bin aus der gleichen Schule dazu gekommen wie Du."

„Vale, " schmeichelte Isabel, „mach weiter so. Wer diesen verfluchten Fall löst, geht in die Geschichte ein. Katzer hat diesen Al Batracio damals auf der Hochzeit von Sabine Christiansen kennen gelernt. Einer deutschen Fernsehmoderatorin, die die halbe Welt einschließlich der Halbwelt zu einer großen Party auf die Insel Tagomago bei Ibiza eingeladen hatte."

„Kennt diese Fernsehtante den Batracio?"

„Mit Sicherheit nicht. Aber sie kennt den damaligen Berliner Regierungschef Klaus Wowereit, der mit ihr auf der Party getanzt hat und der ziemlich dicke mit Rufus Katzer war. Katzer war Berliner Journalist und kannte die Berliner Highsociety in- und auswendig. Er hat Wowereit journalistisch begleitet, als der seine ersten politischen Gehversuche als Tempelhofer Stadtrat für Volksbildung und Kultur machte."

„Aber wie geraten in solchem Gästegewimmel zwei Männer wie Katzer und Batracio aneinander?"

„Offenbar wie ein Bär und die Honigwabe. Kontaktfreude gehört zur existenziellen Prägung sowohl bei Journalisten wie bei Beziehungsspezies. Du kennst einen der einen kennt der den entscheidenden Mann kennt. Aber niemand will mit irgendwelchen schmutzigen Geschäften zu tun haben."

„Schön und gut. Katzer ist also berufsgeil auf Streit. Aber warum gerade Batracio?"

„Der war einfach nicht zu übersehen in seiner Extravaganz. Ein Edelhippie in zerschlissenen Jeans unter Smokingträgern. Fühlte sich erhaben über das Geschmeiß der geladenen Gäste wie ein

Burgherr, der aus unerfindlichen Gründen der Etikette zuliebe den Plebs erdulden musste.“

„Vielleicht war er sauer, dass der schwule Berliner Regierungschef nicht ihn, sondern die Christiansen zum Tanz aufgefordert hat. Entschuldigung, ich mache Witze.“

„Du musst Dich nicht entschuldigen, Verena. Witze entstehen durch Koinzidenz von Absurditäten. Nehmen wir an, unser Bilderbuchhippie war reicher als alle, die ihn heimlich belächelten. Und obendrein noch bisexuell.“

„Echt jetzt?“

Ich glaube, Batracio steckte tief im Baugeldsumpf von Màlaga. Dafür brauchte er Betriebskapital. Woher? Was trieb ihn an? Wer oder was hat ihn geprägt? Ein Mann, der aus dem Nichts kommt – aber wer sind seine Eltern, wenn er überhaupt welche hatte? Deshalb sind wir hier bei Alfredo Borg. Ich will ein Kinderbild von einem Ungetüm, bevor es zu dem wurde, was wir heute suchen.“

Die beiden Frauen sahen sich an. Beide kinderlos, gebaren sie Sammelsurien von Ungeheuern, denen Alfredo mit seinem Computer menschliche Form zu geben versuchte. Verstrickt in ihre Zwischenwelt, feuerten sie ihn an: „Du hast es – fast – eine böse Kindheit – keine Erlösung – ja, ja – genau das, druck das aus.“

Nachdenklich starrten alle drei auf das Resultat. Es starrte schwarz auf weiß zurück, eine Mischung aus Heavy Metal und Voodoo. Die beiden Frauen waren traurig. Als Arbeitshypothese hatten sie plötzlich ein Waisenkind, das seiner Herkunft zu entkommen suchte.

„Ein Mann aus dem Nichts, ein Waisenkind. Eine Waise ist nichts, weniger als Nichts in unserer Gesellschaft. Keine Sippe, die ihn vermisst, niemand trauert, wenn er abhanden kommt. Wir haben 30 Kinder- und Jugendheime auf Malle, mit derzeit

359 Minderjährigen. Verena, nimm unser Kinderbild und klappere diese traurigen Verwahranstalten ab. Vielleicht erinnert sich jemand."

„Da sind meine Chancen so gut wie das Glückslos „El Gordo" zu ziehen", erwiderte Verena mit gespielter Ekstase.

„Polizeiarbeit ist Fußarbeit", antwortete Isabel trocken. „Das ICFS, unser staatliches Institut für Gerichtsmedizin und Sicherheit, hat gerade einen Bericht veröffentlicht. Den musst Du Dir ansehen. Unsere Kinderheime sind Bordelle zum Mindesttarif."

Erbost fuhr sie fort: "Die Zustände der Verwahrlosung und sexuellen Misshandlung von Kindern in Mallorca werden nur noch von unseren Heimen im nordafrikanischen Melilla übertroffen. Peinlich, aber wahr. Unsere Sozialarbeiter laufen seit Jahren Sturm dagegen und unsere Zeitungen haben kürzlich große Skandalberichte veröffentlicht. "Heimzöglinge zur Prostitution gezwungen – Für den Priester auf dem Strich."

„Bin schon unterwegs. Hat's Zeit bis morgen?"

„Nee. Für Befragungen gilt: Je später die Stunde, desto überzeugender die Dringlichkeit. Heimpersonal ist auch nachts im Dienst. Besser ihr teilt euch auf. Ich gebe Dir zwei Kollegen von der Sitte mit."

6. Kapitel

Schmerz, unerträglicher Schmerz, ein die Vorstellungskraft sprengender Schmerz. Polizeikommissarin Isabel Cifre Cerda hatte diesen Tag wie eine Vivisektion durchlebt. Die eigene Vergangenheit plus einem ausgelöschten Leben lässt sich nicht mit dem Taschentuch wegwischen wie Fliegendreck.

Sie beschloß, die Nacht durchzuarbeiten und kehrte in ihr Büro zurück, freudig begrüßt von Öhrchen. Sie umarmte das Tier, das sein Leiden tapferer trug als sie, und entschied, das Pferd von zwei Seiten zu zäumen. Kindheit und Realitätsfetzen, die ihr Freund hinterlassen hatte, würden vielleicht genügen, den großen Unbekannten sichtbar zu machen.

Wie ein Spuk aus der Vergangenheit war Al Batracio bei der Hochzeitsparty von Sabine Christiansen unter den Smokingträgern aufgetaucht. Keiner kannte ihn, alle hatten ihn gesehen.

Isabel rief ihre Freundin Felicitas Sureda von „Ultima Hora" an. Die war nicht mehr in der Redaktion. Sie hinterließ per SMS die dringende Bitte um Rückruf.

Müde und schlafunfähig betrachtete sie die Hündin, die angefangen hatte, an ihrem Verband zu knabbern. „Mach das nicht, hörst du, oder du kriegst einen Plastiktrichter um deinen Hals, meine Schöne."

Ihr fiel ein, dass sie mit der Hündin noch nicht einmal pinkeln war, seit sie die Tierklinik verlassen hatten. Wie alles in diesen Tagen war auch das nicht länger aufzuschieben.

Während Isabel auf der Straße noch überlegte, wie das schwierige Geschäft mit der bandagierten Hündin zu bewältigen war, hatte sich Öhrchen schon an der Bordsteinkante hingehockt und ihr Geschäft erledigt. Ein Auto raste mit wildem

Hupen knapp an ihnen vorbei. Gleichzeitig klingelte ihr Telefon. Wütend hätte sie fast ihr Handy hinterher geschmissen, sah aber gerade noch den dringend erwarteten Rückruf der Zeitungsfrau. „Felicitas, das glaubt mir niemand! Eben ist dieser Al Batracio an uns vorbeigerast und hätte uns fast überfahren."

„Vielleicht ein Spuk?"

„Katzers Hündin, Katzers Freundin und Katzers Mörder im Spuk vereint – kann sein, dass ich überschnappe. Aber ich brauche nochmal Deine Hilfe. Geh zurück in Euer Archiv und schau Dir an, was Ihr über die Hochzeit von Sabine Christiansen im Jahr 2008 habt. Da war dieser Alberto Batracio als Hippie unter den Smokingträgern und trat auf wie einer, der übers Wasser schreitet."

„Ich erinnere mich. Ein mallorquinischer Immobilienmakler war der Sponsor. Die Privatinsel, auf der das stattfand, heißt übrigens Tagomago. Kennt jeder, seit die Fernsehtante da geflittert hat."

„Du kriegst sicher schneller über den Makler was über die Geschichte raus."

„Schon erledigt. Denk an mich, wenn Du mehr weißt."

„Du auch."

Eine Insel ohne Geschichte und ein Mann ohne Geschichte passen gut zusammen, dachte Isabel. Sie ging zurück in ihr Büro, umarmte Öhrchen und wurde am Morgen darauf mit dem Tier schlafend von Mitarbeitern geweckt.

Felicitas Sureda sprach inzwischen mit dem Immobilienmakler und alarmierte daraufhin die Deutschlandkorrespondentin der „Ultima Hora", sich um das hochadlige Geschlecht derer von Leiningen zu kümmern. Kein Geringerer als Fürst Emich Kyrill von Leiningen, im Stammbaum sogar mit der britischen Queen Victoria verbunden, hatte nämlich im letzten Jahrhundert das unzugängliche Inselchen Tagomago erworben. Er verbrachte dort jeden Sommer mit illustren Yachtfreunden und jungen Mädchen, während seine Ehefrau Eilika im Odenwalder Palais Amorbach die 72 Zimmer mit lebensfreudigen Männern teilte, wie die Landbevölkerung zu berichten wusste.

Isabel nahm das neuerworbene Wissen zum Anlass für eine Dienstreise nach Ibiza, wo sie ihre Kenntnisse abzurunden hoffte. Dieser mysteriöse Alberto Batracio verdankte sein Kleingeld für Spekulationen in Marbella sicher nicht einem gefundenen Seeräuberschatz auf Tagomago. Die letzte Anwesenheit von Seeräubern lag ein Jahrhundert zurück. Gewinnbringende Kontakte zwischen Al und Fürst Emich sowie dessen Nachschubbedarf an jungen Mädchen waren viel wahrscheinlicher.

Der geheimnisvolle Fremde hatte das Leuchtturmatoll im Mittelmeer von einer sehr abweisenden Seite kennengelernt. Katzer, der ihn auf Anhieb mochte, hatte etwas in dessen Vergangenheit geforscht und Bekannte befragt. Als Fürst Emich von Tagomago Besitz ergriff und die Dienste dieses Hippies in Anspruch nahm, war das Leben Batracios auf Rosen gebettet. Schnell regelte er alle notwendigen Kontakte für den zugereisten Fürsten.

Dem Fürsten wurde gleich im ersten Sommer seiner Anwesenheit die Freude an seiner Anwesenheit im Paradies durch ein heftiges Buschfeuer getrübt, das rauchende Hippies durch Unachtsamkeit verursacht hatten. Viele Quadratkilometer dieses Eilands der blauen Eidechsen gingen in Flammen auf. Nicht schlimm, aber lästig.

Der junge Hippie erbot sich, das Inselchen künftig von solchen Strolchen freizuhalten. Der Fürst schlug ein. Bald folgten weitergehende Angebote.

Wo Al war, waren die Mädchen. Seine Taschen waren leer, sein Herz auch. Sein Blick genügte, uneingestandene Hoffnungen zu wecken. Was immer sie erwarteten - früher oder später landeten die Mädchen auf der Yacht des Fürsten.

Al schlenderte über die Hippiemärkte von Ibiza und Formentera. Er grüßte lässig, wenn er Bekannte traf auf dem Weg zum Turm in Mola. Alle Stammgäste in den Chiringuitos von Ibiza kannten ihn. Er war so selbstverständlich unter den Peludos, dass niemand eine längere Abwesenheit bemerkte. Irgendwo tauchte er immer wieder auf.

Al hatte keine Verpflichtungen. „Man sieht sich . . .". Er traf keine Verabredungen. „Mañana" war eine der häufigsten Wörter in seinem Wortschatz. Wenn es nicht Morgen war, war es eben einer der nächsten Tage.

Er ging so leicht und locker, als würde er den Boden nicht berühren. Er schien keine Spuren zu hinterlassen. Schon gar nicht, wenn er nach Tagomago wollte. Nichts einfacher als im Wasser allein zu sein. Er kraulte die 900 Meter im Dreierzug mit Beinschlag und brauchte bei glatter See inzwischen keine halbe Stunde.

An Bord des Fürsten war er bekannt wie Kopfweh nach einer Sauftour. Jeder nimmt es hin, wenn es passiert.

Wenn es mit Emich von Leiningen etwas zu reden gab, geschah das unauffällig und ohne Zeugen. Nur die zwei Söhne Karl und Andreas wussten Bescheid. Nie und nimmer hätte der auf lebenslange Unsichtbarkeit trainierte Alberto die Idylle getrübt.

Solcher Ruppigkeiten machte sich allenfalls der Hochadel schuldig, dem es gegeben war, wegen Nichts und wieder Nichts Kriege zu entfesseln und Völker ins Unglück zu stürzen. Solche nachtschwarzen Gedanken, von Kommissarin Cifre Cerda in schlaflosen Nächten entwickelt, hätten jedoch vor keinem Gericht Bestand.

Schuld am Kuddelmuddel, das leider nicht Gerichtsfest war, aber möglicherweise zu Katzers vorzeitigem Ableben führte, war jene Sensationsjournalistin, die Isabels Freundin Felicitas Sureda mit Nachrichten aus Deutschland versorgte.

Aus Klatschspalten bis hin zum „Königlichen Beobachter" hatte sie von der Familienfehde derer von Leiningen erfahren. Der älteste Sohn, Prinz Karl, war von seinem Vater enterbt worden, weil er ohne väterliche Genehmigung die bürgerliche Gabriele Thyssen geheiratet hatte. Im nun entstehenden Erbstreit ging es nicht nur um die Insel Tagomago, sondern um riesige Ländereien der Familie bis hin nach Kanada.

Al Batracio, bisher über den Wassern schwebend, sah sich plötzlich tief in den Sumpf der Familienfehde gezogen durch einen verhängnisvollen Satz, der dem enterbten älteren Sohn Karl zugeschrieben wird: „Riskante und spekulative Vermögensbewegungen kenne ich nur aus meiner Familie. Bei uns war es an der Tagesordnung, auf das vererbte Land Millionenbeträge bei Banken aufzunehmen, um damit riskante ungesicherte Beteiligungen einzugehen."

Das konnte den Alt-Hippie auf vermintes Gelände bringen. Auch wenn er mit niemandem darüber gesprochen hatte, war ja nicht auszuschließen, dass sein Freund Katzer auf die Idee gekommen war, dass Al seine Beziehungen nicht nur für die Vermittlung junger Mädchen ausgenutzt hatte, sondern auch für die Vermittlung von Bankern und Geldzauberern, die in ungesicherte Millionenbeträge investierten.

Hauptkommissarin Cifre Cerda hatte sich das einzige Ass in den Ermittlungen für sich selbst aufgehoben. Das letzte, was ihr Rufus Katzer wenige Wochen vor seinem Tod anvertraut hatte, war die Bemerkung: „Batracio trifft man nicht. Wer was von ihm will, muss einen toten Briefkasten nutzen."

Der große Unbekannte gefiel sich in Machtspielen. Isabel erwog, wie Macht den Menschen verändert. Macht wächst durch Besitz. Sie verwarf endgültig den Gedanken, der frühere Hippie Batracio könnte auf seiner Insel Tagomago einen Seeräuberschatz gefunden haben.

Seeräuber gab es seit Ewig nicht mehr. Tagomago war von dem Banditen Franco an den deutschen Hochadligen Fürst Emich Kyrill von Leiningen verscherbelt worden. Das Mittelmeeratoll war sein Spielzeug, das für Sommeraufenthalte mit Yachtgefährten und willigen jungen Damen herhalten musste.

Denkbar, dass der Hippie angeboten hatte, dem Krösus unerwünschte Besucher fernzuhalten. Denkbar, dass er für ein angemessenes Zubrot den Nachschub an attraktiven Mädchen garantierte.

Das erklärte noch nicht den etwaigen Reichtum des Hippies, der sich damit an Bauspekulationen in Màlaga hätte beteiligen können. Aber es zeigte den Weg, wie sein Reichtum zustande gekommen sein könnte.

"Hör auf, mir nachzuspionieren. Ich bin nur ein Taugenichts und kann Dich nicht schützen." Das waren die Worte Batracios bei seiner letzten Begegnung mit Katzer gewesen, wie dieser seiner Intimfreundin Isabel Cifre Cerda berichtet hatte. Eine Warnung? Wohl eher eine ultimative Drohung, wie der Tatverlauf Wochen später gezeigt hatte.

7. Kapitel

Den Anfang vom Ende einer Geschichte zu finden kann schwer sein, wenn es um die Geschichte eines Unsichtbaren geht. Es lag jedenfalls nicht an der fehlenden Diensterfahrung der Subinspectora Verena Montes, dass ihr die vom Computer generierten Kinderbilder eines gesuchten Minderjährigen bald ausgingen.

An einem Mangel genotzüchtigter Kinder, die aus Palmas Heimen entflohen waren, lag es jedenfalls nicht. Verena Montes wusste schon nach wenigen Stunden, dass sie bei der Suche nach Alberto Batracios Ursprüngen eine Schlangengrube betreten hatte.

Es gab offenbar kein einziges Heim in Mallorca ohne skandalöse Vergangenheit. Kein einziges! Auch wenn die von ihr befragten Verantwortlichen von „bedauerlichen Einzelfällen" sprachen, die Streetworker und spezialisierten Anwälte machten ihrem Ärger Luft. Seit Jahren liefen sie Sturm gegen die bestehenden Zustände. Sie fanden kein Gehör. Mallorcas Gesellschaft gegen Missstände von Kirchenpersonal zu mobilisieren, bedurfte es offenbar mehr als eines Sprengstoffanschlags.

Außerdem konnte kein Sozialarbeiter, dem die Subinspectora ihr Kinderbild zeigte, das Gesicht mit einem seiner Fälle in Verbindung bringen. Viele ließen sich das Computerprodukt geben, um auch ältere oder nicht mehr im Dienst befindliche Kollegen zu befragen. Verenas Kollegen von der Sitte erweiterten das Spektrum der Suche radikal: „Wir müssen auch die Obdachlosen mit einbeziehen."

Klar doch. Wer in Parks und unter Brücken schlief, hatte eine andere Perspektive als Kneipenhocker oder Supermarktkunden. In der Welt der Underdogs war ein verlorenes Kind so normal wie ein streunender Hund oder weggeworfenes Brot.

Verena Montes ließ Nachschub vom Suchbild drucken. Die neuen Kunden der Unterschicht waren zahlreich, aber oft nicht gesprächig. Zumal ausschließlich ältere und sehr alte Vertreter der Straßenzunft vielleicht eine Erinnerung mit dem Bild verbanden.

Viel Geduld und Einfühlungsvermögen waren nötig, um die vom Leben gebeutelten zu überzeugen, dass jemand von der Polizei ihnen nichts Böses wollte. Dann folgte das ebenso heikle Thema, was denn dabei herausspringen würde, falls man sich an solch einen gefallenen Engel erinnern würde.

Eine von allen Wettern und Lebensumständen Gezeichnete erinnerte sich zwar nicht mehr an ihr eigenes Alter, wohl aber an die unvergeßliche Anekdote einer Schicksalsgefährtin, die als die „Schönheitskönigin" oder „Miss Mallorca" unter Pennern bekannt war.

Diese „Miss Mallorca" teilte sich ihre Decke mit einem treuen Hund. In einer Nacht so kalt wie die heutige sei ein heulendes Kind die Straße entlang gekommen. Sie sei ihrem Mitleid gefolgt, habe allen Gefahren wegen ihrer Schönheit getrotzt und dem Kind einen Schlafplatz zwischen sich und ihrem Hund angeboten.

Wer denkt sich so eine Geschichte aus? Verena Montes hatte schon viel in ihrem Leben gehört, wahres und unwahres. Diese Geschichte war einfach zu schön, um unwahr zu sein.

Wochenlang durchstreifte sie Gassen und Viertel Palmas auf der Suche nach „Miss Mallorca". Sie blieb erfolglos, aber schon von der gealterten Grazie gehört zu haben, buchte sie als Erfolg.

Es hatte diesen namenlosen, spurlos aus einem Heim entflohenen Zögling ebenso gegeben wie viele seinesgleichen. Mit Sicherheit. Manche sind wieder aufgetaucht, andere nicht. Nicht alle haben ein Sprengstoffattentat begangen, um sich in Erinnerung zu rufen.

Das neue Jahr hatte sich lautlos eingeschlichen wie ein Dieb. Manchen Menschen hatte die Pandemie den Spaß am Feiern verdorben. Bedrückende Stille herrschte in Palmas Straßen.

Als Verena Montes müde an der Plaza Gomila mit dessen gammliger Disco „Tunnel" vorbeischlenderte, registrierte sie, wie verlassen dieser sonst quirlige Treff der Teenager war. Die verzweifelten DJ's der Disco hatten bereits in letzter Not einen Spendenaufruf in die coronaverseuchte Welt geschickt. Umso mehr erschreckte Verena das plötzliche Krachen eines Silvesterböllers, für den es zum Jahreswechsel ein generelles Verkaufsverbot gegeben hatte.

Die Hüterin von Ruhe und Ordnung in ihr war erwacht. Sie setzte den davonlaufenden Jugendlichen nach, stellte sie und hielt ihnen eine Standpauke, deren Inhalt sie noch vor wenigen Jahren genau so blöd gefunden hätte wie die wenig beeindruckte Gruppe vor ihr.

„Reg dich ab, Tante, ein harmloser Knaller ist kein Weltuntergang, der findet woanders statt."

Verena zog ihren Polizeiausweis aus der Lederjacke, um ihren Worten Nachdruck zu verleihen.

„Erstens herrscht bekanntlich Ausgehsperre, zweitens tragt Ihr nicht die vorgeschriebene Maske und drittens ist die Knallerei dieses Jahr generell verboten."

Die Kids lachten schallend. „Habt ihr von der Policia nichts Besseres zu tun, als Knallkörper zu jagen. Verhafte uns doch, dann ist der langweilige Abend gerettet."

Die Subinspectora suchte nach einem Ausweg aus der peinlichen Situation. „Eigentlich suche ich nach einer sehr alten Obdachlosen, die unter dem Namen „Miss Mallorca" bekannt ist. Habt ihr die in diesem Barrio schon mal gesehen?"

„Da bist du bei uns genau richtig. Die Zahl der Obdachlosen steigt in El Terreno jetzt sprunghaft. Obwohl viele Villen und Patrizierhäuser leer stehen, werden reihenweise Familien aus den Neubauwohnungen gekündigt und auf die Straße gesetzt, weil sie die Miete wegen der Pandemie nicht mehr zahlen können. Keine Arbeit, keine Wohnung, viel Zeit zum Feiern. Wenn du deine Miss Mallorca findest, grüß sie schön. Wir kennen sie nicht, aber eine obdachlose Schönheitskönigin ist bei uns genau richtig.“

Die Nachwuchspolizistin hatte genug Häme kassiert. Sie war im Barrio von El Terreno gelandet, wo die steilsten Straßen von Palma sich unter dem Castell de Bellver ducken, einer gotischen Burg aus dem 14. Jahrhundert. Im umgebenden Schlosspark mit mächtigen Pinien sind zwar keine Vampire, aber die Fledermäuse heimisch.

Verena fragte sich, wo in einer Gegend, die städtebaulich in den 50er Jahren durch den Kahlschlag des Paseo Maritimo brutal zerstört worden war und durch immer neue Betonhochhäuser bis zum Hafenbecken zugebaut wurde, noch Nachbarschaft gedeihen konnte. Sie ahnte nicht, in welches Schlangennest sie geraten war.

Angeblich kannten sich die Menschen, die früher hier zu Füßen des Castell de Bellver lebten, alle persönlich und grüßten sich. Ob durch die schmalen Gassen, in denen kein Auto halten konnte ohne die Straße zu blockieren, einmal die Füße des kleinen Batracio oder wie immer er hieß getrappelt waren?

Die Nacht blieb jede Antwort schuldig. Keine Autos, kein Menschengedrängel, kein Kreischen und Johlen, nur Friedhofsruhe. Wo sich sonst Nachtbars, Terrassenrestaurants und Tapasbars längs des Paseo Maritimo reihten, regierten Sperrstunde und Ausgehverbot.

Sie traf eine Doppelstreife des Reviers beim Rundgang. Nach einer freundlichen Begrüßung holte sie das Kinderbild raus „Habt Ihr den früher schon mal gesehen? Ein Kind, ohne Begleitung?"

Der Ältere sah sich das Bild genau an. „Ich glaube nicht. Wäre hier früher auch aufgefallen. Hier kannte jeder den anderen."

„Zeigt das Bild bitte trotzdem rum. Jetzt kommt die leichtere Frage. Hat einer schon mal eine uralte wohnungslose Frau getroffen, die unter dem Namen Miss Mallorca bekannt ist?"

„Klar doch. Ein bereits pensionierter Kollege durfte sogar den Zeitungsartikel lesen, den sie immer mit sich rumtrug. Mit Foto. Drei Grazien im Bikini, eine immer fescher als die andere. Wer den Wettbewerb schließlich gewann, ist nicht verbürgt. Sie hatte immer einen Schäferhund dabei, einen pastor allemand. Der ist sicher schon lange tot. Ob sie noch lebt, weiß ich nicht. Ewig nicht mehr gesehen."

„Wenn Ihr sie vielleicht noch mal trefft, fragt sie bitte, ob sie vor langer Zeit einen kleinen Jungen unter ihrer Decke zwischen sich und dem Hund hat schlafen lassen. Wenn das stimmt, ruft mich bitte an und gebt mir Bescheid. Ich würde Euch vielleicht nicht unter meine Decke lassen. Aber ich hätte dann meine Mission erfüllt."

Die zwei Streifengänger und die Subinspektorin lachten laut. Sie wusste, dass sie ihrem Ziel nie näher kommen würde. Sie schritt allein die schmale Gasse weiter nach oben, bis der Weg sich in Stufen fortsetzte. Dabei sang sie laut und ungeniert „Stairway to heaven" der Rocklegende Led Zeppelin, die sie verehrte:

There's a lady who's sure all that glitters is gold

And she's buying a stairway to heaven

When she get's there she knows, if the stores are all closed

With a word she can get what she came for.

Es war ihre Nacht. Die stumme Nacht eines weltumspannenden Seelenvirus. Wo das Herz zögert, den nächsten Schlag zu tun.

Sie sprang eine Stufe höher, als der Schuss fiel. Die Kugel traf nicht den Kopf, nur knapp das Schlüsselbein. Der Einschlag raubte ihr die Sinne. Sie stürzte und war damit außer Sicht des Schützen. Minuten der Stille folgten.

Die zwei Streifenpolizisten hatten den Schuss gehört. Sie meldeten das Ereignis über Funk an ihr Revier, orderten Verstärkung und machten sich auf die Suche. Eine Feuerwaffe irgendwo oberhalb der Avenida de Miro zu orten ist schwer, selbst wenn man zu zweit ist. Sie fanden die verletzte Kollegin schließlich in der Carrer Salut in ihrem Blut.

Ihr Puls war intakt. Ihr glücklicher Gesichtsausdruck stand im krassen Widerspruch zum eben erlittenen Anschlag. Nachdem die Ambulanz und das Revier verständigt waren, suchten die Polizisten weiter die Umgebung ab.

Sie fanden nichts, aber konnten weitere alarmierte Kollegen und die Ambulanz schnell zum Tatort geleiten. Die Subinspectora wurde ins Hospital Son Dureta verfrachtet. Dort herrschte eine Covid-19-bedingte Endzeitstimmung wie in allen Krankenhäusern, aber die Sanitäter gingen aufs Ganze: „Schussverletzung, jede Sekunde zählt, operiert doch auf dem Flur!"

8. Kapitel

Hauptkommissarin Cifre Cerda war die erste, die am Bett ihrer jungen Kollegin Verena Montes im Hospital Son Dureta saß und ihr ein duftendes Croissant unter die Nase hielt. Sie hatte Dank ihres Dienstausweises einen Personal-Parkplatz mitten auf dem Gelände ergattert und war erleichtert, dass Verena die Operation gut überstanden hatte.

„Glatter Durchschuss oberhalb des Schlüsselbeins. Was die Durchschlagskraft betrifft, vielleicht eine Parabellum. Das Geschoss kam von vorn und hat die Lunge knapp verfehlt. Ich habe mir den Tatort angeschaut. Du musst den Schützen gesehen haben. Kannst Du ihn beschreiben?"

„Vor mir war keiner."

„Wenn er nicht aus einer Wohnung in gleicher Höhe geschossen hat, muss er Dir gefolgt sein. Wir haben alle Anwohner befragt. Keiner hat was gesehen. Wie auch immer – Du musst Dich aber umgedreht haben, die Kugel traf Dich von vorn."

„Ich kann mich an niemand erinnern an diesem Abend. Na ja, doch, die Doppelstreife und die Teenager an der Placa Gomila. Die sind davongerannt, nachdem sie Knaller entzündet haben. Die sind mir nicht nach."

„Demnach warst Du mutterseelenallein?"

„Vielleicht ist es eine Folge der Anästhesie. Ich könnte schwören, dass mir den ganzen Abend ein Geist gefolgt ist. Ich fühlte mich von einem Schutzengel begleitet und habe gesungen."

Die Hauptkommissarin fühlte sich selber schuldig. Als hätte sie die junge Kollegin als Köder in diese abgelegene Ecke von Palma geschickt und die Falle war zugeschnappt.

„Verena, vielleicht sind wir beide bekloppt. Kein Wunder, wenn man ein Phantom sucht. Ich sehe auch dauernd Gespenster. Einmal saß es im rasenden Auto, als ich mit Katzers Hündin Gassi war. Er ist überall und nirgends.“

„Ja, und als Kind hat der Namenlose die „Miss Mallorca“ getroffen, eine Obdachlose, die von einem Hund begleitet wurde, so wie Du jetzt. Das passt doch zu unserer Geistergeschichte von diesem Phantom, findest Du nicht?“

„Bleiben wir bei den Tatsachen. Der Durchschuss, den die Chirurgen bei Dir behandelt haben, wurde vermutlich durch ein Gewehr mit einer Parabellum-Patrone verursacht. Unsere Spezialisten suchen gerade nach Geschossresten auf der Treppe, auf der Du getroffen wurdest. Dann hätten wir endlich was Konkretes.“

„Fein. Polizeiarbeit ist Laufarbeit, hast Du mir bei unserem ersten Treffen gesagt. Bald kann ich sicher wieder Laufen. Dann rennen wir unsere erste Strecke gemeinsam.“

„Ich freu mich drauf.“

„Sieh zu, dass Du bis dahin Deinen Hund wieder fit kriegst.“

„Die hat schon gezeigt, was sie kann. Hat sogar Katzer überlebt, den alten Haudegen.“

„Ihr wart mal befreundet?“

„Lange her. Aber wir haben uns nie aus den Augen verloren. Ich bin ihm was schuldig. Er ist Alberto Batracio auf den Leim gegangen wie so viele. Sie kannten sich seit zwölf Jahren. Für Katzer war das ein harmloser Hippie, wie er selbst in seiner Jugend.“

Isabel machte eine Gedankenpause.

„Aber aus Katzer wurde ein mit allen Wassern gewaschener Journalist und aus Batracio ein mit allen Wassern gewaschener Gangster. Nichts an ihm ist echt, nicht mal sein Name. Als Katzer ihm schließlich unter die Tarnkappe schaute, hat er damit sein Todesurteil unterschrieben. Dir haben wir jetzt einen bewaffneten Posten vor die Tür gestellt."

Ehe die Subinspectora protestieren konnte, ging die Tür auf. Es war der Chirurg mit Gefolge, der sich vom Zustand seiner Patientin überzeugen wollte.

„Sie hatten Glück im Unglück, junge Frau. Ihre Lunge ist im Gegensatz zu vielen unserer derzeitigen Covid-19-Patienten nicht in Mitleidenschaft gezogen. Wir dürfen bei Ihnen auf einen schnellen Heilungsprozess hoffen und werden Sie baldmöglichst wegen akuten Bettenmangels in Ihr eigenes Heim verlegen."

Der Professor wurde wegen einer dringenden Entscheidung zu einem anderen Patienten gerufen und sagte im Abgang entschuldigend: „Dort sind Sie wenigstens vor Ansteckung sicher. Ihre weitere Bewachung fällt nicht in meinen Aufgabenbereich."

Die Hauptkommissarin Cifre Cerda nutzte den allgemeinen Aufbruch, sich ebenfalls zu verabschieden und schnell zu ihrem Auto zu kommen, wo ein weiterer Patient auf sie wartete, der zum Verbandswechsel zum Tierarzt musste. Die Rottweiler-Hündin war froh, nicht vergessen worden zu sein und begrüßte bellend ihr Frauchen.

„Geduld, meine Schöne. Wir wechseln jetzt deinen Verband. Bald kannst du wieder toben."

Die Kommissarin blickte auf die Uhr und stellte befriedigt fest, dass es kurz vor zehn war. Dazu ein Samstagvormittag, wo Marta und Matheo immer Bereitschaft hatten, die Veterinäre Katzers nahe der Placa Major in Pollença. Seine Hündin war dort bestens bekannt und wurde in der Datei geführt.

Sie beschloß, dort aufzukreuzen und die alten Kontakte aufzufrischen. Eine gute Gelegenheit, noch einmal sein Haus zu besuchen. Vielleicht würde sie das auf neue Ideen bringen.

Öhrchen fand die Idee nicht so gut. So sehr es sie freute, wieder durch die bekannten Straßen zu laufen, so übel waren ihre Erinnerungen an die ihr verhasste Praxis. Einmal im Warteraum, wollte sie gleich wieder raus.

Die beiden Ärzte freuten sich, das Tier wiederzusehen. Mehr noch darüber, dass außer dem gebrochenen Hinterlauf und äußeren Blessuren nichts Nennenswertes zu beklagen war. Sie ließen sich die Adresse der Kollegen in Port Pollença geben, die die Röntgenaufnahmen gemacht hatten und nahmen den Befund in ihren Computer auf. Dann wurde der Verband gewechselt und die Hündin durfte an der Seite von Frauchen die ihr bekannte Strecke zu Herrchens Haus humpeln.

Isabel hatte kaum das Dienstsiegel an Katzers Eingangstür entfernt, stand schon die Nachbarin neben ihr. Sie hatte das Haus besser bewacht als die Kollegen von der Policia Municipal. Isabel stellte sich vor und zeigte ihren Dienstausweis. „Wir kennen uns noch von früher", sagte sie.

„Ja, ist aber schon lange her. Ich habe die drei Katzen meines Nachbarn zu mir rein geholt. Man kann sie doch nicht auf die Straße jagen nach der Horrorgeschichte. Kümmern Sie sich jetzt um den Hund?"

Isabel nickte. „Ich bin bei der Kripo in Palma zuständig für den Fall. Wenn was mit dem Haus ist, rufen Sie mich bitte an. Hier ist meine Karte."

Sie ließ der aufgeregten Hündin den Vortritt und verschwand im Haus. Öhrchen jagte im Erdgeschoss hin und her und sprang in ihr Körbchen. „Du hast ja Recht, meine Gute. Wir nehmen dein Körbchen mit und auch ein paar Decken. Jedes Wesen hat Anspruch auf einen Platz, wo es nach ihm riecht."

Der Gedanke hatte bereits Wurzeln geschlagen, als sie sich an Katzers Arbeitsplatz setzte und der Idee weiter nachging.

Wo lebte der meistgesuchte Mann der Balearen, wo man nicht mal ein Auto klauen konnte, ohne Stunden später geschnappt zu werden? Was half ihm, alle Spuren zu verwischen? Seinen Namen und seine Papiere beliebig zu tauschen?

Das Zaubermittel hieß Geld ohne Grenzen.

Echte Pässe konnte man in Malta oder Zypern erwerben, passende Bankkonten zu passenden Namen waren für Profis ein Klacks. Die meisten Hotels waren derzeit geschlossen, aber leerstehende Häuser ließen sich wechseln wie die Garderobe. Noch besser war eine gut ausgestattete Yacht mit verschwiegenem Personal, auf Zeit geheuert und von professionellen Agenturen betrieben. Rückverfolgung des Nutzers garantiert ausgeschlossen. Diskrete Offerten waren im Internet so häufig wie Datingangebote.

Die Hauptkommissarin hielt Rücksprache mit ihrem Chef Caplonch, um ihren Plan abnicken zu lassen. Eine Sonderkommission war bereits gebildet. Sie setzte je einen Mitarbeiter der Kripo daran, alle Hotelbetriebe, alle Immobilienmakler, alle Bankzentralen und alle Yachtbroker abzufragen, ob jemand wie Alberto Batracio mit auffälligen Geldbeträgen bei ihnen in Erscheinung getreten war.

Das wäre ihr selbst so erfolgversprechend erschienen, wie mit der flachen Hand aufs Wasser zu schlagen, um einen Haifisch zu fangen, wenn sie nicht gerade von der Atmosphäre dieses von Katzer verlassenen Hauses inspiriert worden wäre. Alles, was hier gedacht wurde, war etwas verdreht, spinnert und abenteuerlich.

„Das Opfer und sein Täter denken in neuen Maßstäben", sagte Cifre Cerda zu sich selbst. „Das gibt uns das Recht, alles in Frage zu stellen und nichts unversucht zu lassen."

Sie fühlte sich bestätigt, als Comisario Sergio Faber bei den Hotels in Palma eine Ungereimtheit auffiel. Faber hatte sich gemäß der gesuchten Zielperson zunächst die 5-Sterne-Hotels vorgenommen. Natürlich war nirgends ein Alberto Batracio aufgetreten. Im „Sant Francesc" von Palma erkannte ein Hotelangestellter Batracio auf dem Fahndungsfoto, das Faber dort zeigte und es stellte sich heraus, daß dieser Gast vor etwa drei Wochen vorzeitig abgereist war und einen Koffer zurückgelassen hatte. Er hatte keine Adresse hinterlassen, so dass man ihn nicht benachrichtigen konnte.

Aber der Manager versicherte, die Polizei könne das Gepäckstück gegen eine amtliche Bescheinigung jederzeit abholen.

Cifre Cerda stieg zu ihrem Kollegen Faber auf den Beifahrersitz. Sie hätte es für unpassend empfunden, wegen eines Koffers mit zwei Wagen vorzufahren. Sie fuhren zur Placa Sant Francesc direkt zwischen der Kathedrale und dem Almudaina Palast. Das stilvolle Hotel war ein restaurierter Herrensitz von 1860 mit 70 Zimmern und einem Dachgarten, der einen Blick auf das Herzstück von Palma gestattete.

Zwischen alten Balken und lichtdurchfluteten Mauerportalen setzten moderne Kunstwerke ihre Akzente. Der Portier brachte Isabel und Faber sofort mit dem Manager zusammen: „Die Herrschaften von der Polizei!"

Der Manager führte die beiden in einen Dienstraum und zeigte ihnen einen abgestellten Koffer. Das gute Stück war nicht aus dem üblichen Kunststoff. Es war bestes Rinderleder mit einer Schnalle und hatte kein Sicherheitsschloss.

Isabel widerstand dem Impuls, sofort hineinzuschauen. Sie ließ den Koffer vom Manager in einem Plastiksack stecken.

„Bitte geben Sie uns Ihre Fingerabdrücke mit für einen Vergleich. Wir lassen alles untersuchen, um eventuelle Rückschlüsse zu ziehen. War der Gast allein oder in Begleitung?"

„Er hatte zwei männliche Begleiter, ohne Gepäck. Sie schliefen in Nebenzimmern mit Durchgangstür zum Hauptraum. Ich vermute, es waren seine Leibwächter.“

„Davon haben Sie uns aber nichts gesagt.“

„Sie hatten nicht danach gefragt.“

„Kannten Sie den Gast?“

„Er hat schon mehrfach bei uns genächtigt.“

„Hatte er Besuch, abgesehen von den Bodyguards?“

„Diesmal nicht. Früher war er auch schon mal von einer sehr jungen Dame begleitet.“

Comisario Faber und die Kommissarin Cifre Cerda bedankten sich. „Wir melden uns, wenn wir noch Fragen haben. Wir hinterlassen Ihnen unsere Karte, falls Ihnen noch etwas Sachdienliches einfällt.“

Sie machten sich eilends auf den Weg, um den weiträumigen Prachtbau des alten Palma mit ihrem nüchternen Zweckbau des Präsidiums zu tauschen. Isabel bedankte sich bei ihrem Begleiter: "Gut gemacht, lieber Kollege Sergio!" Um gleich darauf allein mit dem Plastikbeutel zu den Spezialisten der Spurensicherung zu enteilen.

„Alles genauestens untersuchen! Vor allem Fingerabdrücke! Die vom Hotelmanager habe ich extra genommen, die können wir dann vergessen.“

Der Koffer enthielt nicht viel. Für Cifre Cerda, die fest daran glaubte, dass er von Al Batracio stammte, war er dennoch so wertvoll wie das Schmucketui einer Hochwohlgeborenen. Etliche Seidenhemden, Unterwäsche und Jeans. Keine Krawatten. Dafür ein gut sortierter Beutel für das Bad einschließlich Föhn und Duschgel. Mister Nobody legte Wert auf gepflegte Erscheinung; und hatte mit seiner Zahnbürste ein wertvolles Dokument für seine genetische Existenz hinterlassen.

.“ Man kann nie wissen.“ Ihr namenloser Geist hatte jetzt wenigstens einen menschlichen Geruch.

So gut die Hotelsuche begonnen hatte, so ergebnisloser waren die Bemühungen bei Immobilienmaklern, Banken und Yachtagenturen. Al Batracio war offenbar einer der reichsten Männer Mallorcas. Cifre Cerda war zufrieden. „Bevor der Koffer in die Asservaten wandert, bitte an mich zurück.“ Ihre Hundedame sollte das letzte Wort beim Schnüffeln haben Wo zum Teufel hatte er sein Geld gebunkert und wie um alles in der Welt kam er dran, ohne erwischt zu werden?

Die Hauptkommissarin wusste, mit dem spanischen Finanzamt war nicht zu spaßen. Jeder Bürger hatte eine Nummer, die DNI, und jede Firma die CIF. Die Steuernummer ändert sich nie, sie garantiert den gläsernen Bürger. Alle Kontobewegungen werden von den Hausbanken an die Banco de España gemeldet, die wiederum das Finanzamt informiert. Die Finanzbehörde weiß alles – vom Wohnsitz über Geldfluss, Immobilien, Zinserträge, Aktienverkäufe und Dividenden. Alberto Batracio besaß ein Privileg, das nicht mal der König hatte – die Hacienda führte ihn nicht in den Akten.

Cifre Cerda grübelte lange. Sie kannte die Lösung bestimmt. Sie wusste, dass sie es wusste. Warum war ihr der Zugang jetzt blockiert?

Rufus Katzer war die Antwort. Er hatte einen bettelarmen Straßenbekannten, der nichts besaß außer seiner nie versiegenden Freundlichkeit. Eine Aushilfskraft, die manchmal bei kleinen Reparaturen in Häusern aushalf. Wie andere Muslime im Dorf schickte er Geld an die ferne Familie, obwohl er kein Konto besaß. Dafür gab es ein oder zwei Ausländerkneipen in Pollença, wo Geldüberweisungen stattfanden. Das Zauberwort hieß „Hawala“.

Die Hauptkommissarin machte sich schlau über dieses Prinzip des „fliegenden Geldes". Bei den Chinesen wurde es „Fei Chien" genannt, hieß manchmal auch „Chop" oder „Chit". Es beruhte nur auf Vertrauen und einem Codewort. Der Händler, auch Hawaladar genannt, konnte in einer Kneipe sitzen, in einem Schmuckgeschäft oder vielleicht in einem Pfandhaus.

In Pollença war das „fliegende Geld" in einer schäbigen Kneipe zu Hause. Sie hieß „Dragut" nach einem maurischen Seeräuber. Ein Treff der Muslime. Der Gastbetrieb war Dank Corona eingestellt, außer Essen zum Mitnehmen, Telefonieren und „das Übliche". Befragt nach dem „Üblichen" war der Wirt schmallippig. „Sie können die Toilette benutzen."

Es gab noch einen Geheimtipp. Ein Haus in der Carrer Jonquet, das zeitweilig als Moschee benutzt wurde. Der Vorbeter der Muslime war eine geachtete Autorität. Sein Wort war Gesetz. Vielleicht war es manchmal auch Bargeld.

Isabel Cifre Cerda hatte jetzt eine bessere Idee. Sie erwartete kein Geld und hatte auch keines zu versenden. Aber ein paar Schritte weiter waren die Veterinäre zu Hause. Es war zwar drei Tage vor dem vereinbarten Termin, aber Öhrchen wäre probehalber sicher schon heute bereit, auf ihre Verbände zu verzichten.

„Sind Sie sicher?" fragte Matheo in seiner wie immer viel besuchten Praxis.

„Einen Rottweiler kann nichts erschüttern."

Isabel sollte Recht behalten. Der Arzt setzte die Schere an, und sobald aller Verbandsstoff losgeschnitten war, schüttelte Öhrchen sich einmal gründlich, um sich stolz auf die endlich befreiten Hinterpfoten zu stemmen und an Isabel hochzurichten. Mit Mühe hielt sie der Kraftprobe stand und befahl „Sitz!"

Damit war das künftige Verhältnis zu ihrem Vierbeiner geklärt.

Öhrchen schüttelte sich erneut und verließ erhobenen Hauptes die Praxis, eng an Frauchen geschmiegt. Die zahlte mit Karte.

9. Kapitel

Als die Hauptkommissarin Cerda in ihr Dienstzimmer zurückkehrte, lag auf ihrem Schreibtisch ein Bericht, der ihren Kreislauf beschleunigte. Wie der Waffenspezialist des Hauses mitteilte, war die Kollegin Verena Montes durch eine Kugel getroffen worden, die aus einem Jagdgewehr stammte. Reste einer Parabellum-Patrone waren von den Kollegen der Kriminaltechnischen Untersuchung auf der Treppe gefunden worden, auf der Verena Montes gelegen hatte. Einer der diensthabenden Streifenpolizisten erinnerte sich, einem entlassenen Kollegen des Reviers sein Gewehr verkauft zu haben. Sicher alles ein Zufall.

In der folgenden Stunde brachte Cerda ihre Leitung zum Glühen. Sie war bereit, nach jedem Strohhalm zu greifen.

„Cifre Cerda hier. Wie ist ein Gewehr, das einem Polizisten gehörte, in die Hände eines entlassenen Ex-Polizisten gelangt?"

„Der Vorfall spielte sich in El Terreno ab. Im dortigen Polizeirevier wird auch eine Pistole des vor fünf Jahren entlassenen Kollegen gelagert."

„Ist sie noch dort?"

„Weiß ich nicht. Fragen Sie nach."

Hörerknallen und Anruf beim Polizeirevier El Terreno.

„Kripo Palma. Ich brauche sofort einen Termin bei Ihrem Dienststellenleiter."

„Worum geht es?"

„Um die Entlassung eines Kollegen vor fünf Jahren."

„Wie war der Name?"

„Isabel Cifre Cerda."

„Nein, ich meine der Name des entlassenen Kollegen?"

„Das will ich von Ihnen wissen. Suchen sie ihn in den Akten raus. Ich bin in 15 Minuten da.“

Isabel schaffte es über die Autopista de Levante in zehn Minuten. Der Revierleiter hatte nichts vorbereitet und fragte nur reserviert: "Worum geht es?“

„Ich habe mich angekündigt und möchte bis gestern alles über Ihren entlassenen Kollegen wissen. Was ist vor fünf Jahren passiert und wie ist es möglich, dass der bei Ihnen entlassene Polizist jetzt vielleicht auf eine Kollegin der Policia Nacional geschossen hat?“

„Einen Moment Geduld bitte, ich lasse den Vorgang kommen. Möchten Sie einen Kaffee?“

„Wenn die Friseure nicht alle geschlossen hätten, würde ich mir da einen Termin geben lassen. Aber wir haben leider die Pandemie. Zum Glück arbeitet ja wenigstens nicht die ganze Polizei nach der Choreographie von Corona. Kommen Sie zur Sache.“

„Sie sprechen die Dienstentlassung des Kollegen Paolo Vermont an. Er hatte damals auf einen flüchtigen Einbrecher geschossen und dabei eine Passantin getroffen. Die Frau wurde schwer verletzt. Es gab ein Verfahren der Dienstaufsicht gegen Paolo. Er wurde entlassen.“

„Wo ist dieser Vermont heute zu finden und ist er noch im Besitz von Waffen?“

„Der ist angeblich privater Personenschützer geworden. Aufenthalt unbekannt. Er besitzt ein Gewehr, das er von einem ehemaligen Kollegen gekauft hat. Das ist völlig legal, da er seinen Waffenschein nie abgeben musste.“

„Das kann doch nicht wahr sein!“

„Doch, wirklich. Sie können sich umhören. Er war allseits beliebt. Es war bedrückend, ihn gehen zu lassen.“

„Gab es also noch kollegiale Kontakte nach seiner Entlassung?"

„Davon weiß ich nichts. Das Privatleben der Kollegen geht mich nichts an."

Isabel hatte genug gehört. Türeknallend verließ sie das Revier. Ihre überreizte Phantasie bescherte ihr ganze Dreigroschenromane von Polizeikumpanei. Könnte Paolo Vermont vielleicht ein Bodyguard ihres Phantoms sein? Könnte er Polizeiinterna über seine Ex-Kollegen ausspioniert und an einen gut zahlenden Boss weitergegeben haben?

Isabel dachte an ihren schlampig geführten Ordner „Auf bessere Zeiten", der mit keinem Aktensystem in der Kripo verbunden war. Eine allein auf ihrer Sammelwut beruhende Loseblatt-Sammlung von Gesprächen und Beobachtungen mit ihrem Quälgeist Rufus Katzer. Niemand kannte den Inhalt der Sammlung. Es sei denn, er oder sie hätte Kopien gemacht und dann womöglich weitergegeben.

Die Kripofrau wies diesen Gedanken empört zurück. Schon weil sich bei der Policia Nacional jeder auf den andern verlassen musste im Wirrwarr der Kompetenzen und Zuständigkeiten mit den anderen Polizeiapparaten. Vielleicht quatschte jemand mal ein Wort zu viel. Aber ein bewusstes Ausspähen – niemals!

Oberstes Ziel war es jetzt, den offenbar schießwütigen Paolo Vermont zu schnappen und ihn zum Reden zu bringen. Sofort mussten alle amtlichen Unterlagen von ihm auf ihren Tisch!

Paolo war 55 Jahre alt, ledig und offiziell ohne Beruf. Seine letzte Wohnadresse war immer noch in El Terreno. Die Eltern waren geschieden. Paolo wohnte angeblich bei seiner Mutter. Er hatte eine Schwester, die zehn Jahre jünger war. Sie hatte eine eigene Wohnung.

Die Hauptkommissarin ließ nach Vermont fahnden und fuhr zu seiner Mutter. Die alte Dame wohnte im 6. Stock eines

Hochhauses mit Fahrstuhl zum Dachgarten und Blick über El Terreno.

„Sie wünschen?"

„Die Polizei sucht Paolo Vermont und hat dringende Fragen an seine Mutter. Wo ist Paolo?"

„Nicht zuhause."

„Wo kann ich ihn erreichen?"

„Weiß nicht."

„Dann beantworten Sie mir meine Fragen. Darf ich eintreten oder wollen Sie eine Vorladung der Policia Nacional?"

„Da Sie schon hier sind, kommen Sie rein."

Die Dame im strengen Kostüm trat zur Seite und ließ Isabel in ihre Zweizimmer-Wohnung mit großen Fenstern. Sehr zweckmäßig und teuer, war ihr erster Gedanke.

„Wann haben Sie Ihren Sohn das letzte Mal gesehen?"

„Im letzten Jahr."

„Geht's etwas genauer?"

„Irgendwann im Sommer. Er hat nicht gesagt, wo er hin will und wann er wiederkommt."

Die Kommissarin glaubte ihr kein Wort. Sie schaute sich aufmerksam um. Auf dem Vertiko stand ein gerahmtes Foto von Paolo in Polizeiuniform. Daneben das Bild einer jungen Dame.

„Ist das Paolos Schwester?"

„Sie ist seine Halbschwester. Ninotschka arbeitet im „Titos", das aber geschlossen ist. Sie besucht mich oft."

„Titos Club", die alte Dame sprach den Namen mit andächtiger Betonung. Der dreigeschossige Glaspalast galt als die angesagteste Disco von Palma. Der überragende Eingangstower trug zwei Glaslifte in den Himmel. Wer sie benutzte, hatte einen einmaligen Blick aufs Meer.

„Titos Club" war eine Institution. Der Themenwechsel wirkte befreiend. Die alte Dame war jetzt entspannt.

„Wie kommen die Geschwister miteinander aus? Haben sie Kontakt zueinander?"

„Sie mögen sich sehr. Obwohl Ninotschka es nie geschafft hat, ihren Bruder ins Titos einzuladen. Solche Discos sind nicht seine Welt. Zu groß, zu laut, zu viele Leute. Aber sie ist sehr stolz auf ihn. Er ist ihr großer Beschützer in einer Welt der Halunken."

„Offenbar gibt er jetzt seinen Schutz auch einem dieser Halunken. Wir könnten ihm etwas Besseres bieten, wenn er sich klug entscheiden würde. Sagen Sie ihm das, wenn Sie ihn sehen. Er soll sich stellen. Wir finden ihn sowieso. Er kann nur gewinnen, wenn er zu uns kommt. Sein Alberto Batracio hat keine Zukunft."

„Meinen Sie?"

Die Hauptkommissarin fand diese Antwort bemerkenswert. Alberto Batracio schien der Dame ein Begriff zu sein. Sie fragte nicht mal, wer das sei.

„Ich will Ihre Tochter besuchen. Seien Sie so nett und kündigen mich telefonisch an."

„In Ordnung."

„Und halten Sie sich zur Verfügung, falls wir noch weitere Fragen haben. Ich finde allein raus."

Isabel wollte den Weg von Paolos Mutter zu seiner Schwester zu Fuß machen, was ihr im engen Straßengewirr von El Terreno am Klügsten erschien. Mangels direkter Verbindungen musste sie zwischen rauf oder runter entscheiden und stieß nahe dem Meer auf die Kathedrale der Discotheken, den „Titos Club". Der weltberühmte Tanzclub war nach einer Silvesterfete 2019 geschlossen worden und hatte danach seit Pandemiebeginn nie wieder geöffnet. Der fetzige Tower mit seinen zwei gläsernen

Fahrstühlen, der die drei Etagen verband, hing jetzt wie ein toter Vogel zwischen den Neubauten.

Isabel konnte nicht widerstehen. Statt den breiten Paseo Maritim zu überqueren und einen Blick auf die prächtigen Yachten zu werfen, folgte sie den steilen Treppen um das Palais herum. Ein schwindelerregender Aufstieg. Graffitibeschmierte enge Wände ließen kaum Licht zu den hohen Nachbarbauten. Selbst der Boden war schmutzig und nass. Als wäre man in einen vollgeschissenen Burggraben geraten. Am Ende der trostlosen Gasse erreichte sie weiter aufwärts wieder das Meer.

Hier hatte vor fast hundert Jahren der Italiener Tito Cungi sein angesagtes Restaurant mit Meerblick und Pasta errichtet, in dem er bei italienischer Musik Bella Italia hochleben ließ.

Seine letzte Wandlung erlebte Titos Gründung, als der Zugang von der Placa Gomila zum Kai verlegt wurde und der himmelstürmende Eingangsturm entstand. Titos Club setzte ein Zeichen in El Terreno. Unübersehbar in der Welt der entfesselten Discos, aber schon nach zwei Jahren Stillstand entsetzlich verkommen.

Auch Ninotschka, die Schwester Paolos, lebte in einer der Neubausuiten von El Terreno. Die Hauptkommissarin musste noch mehrfach fragen, um ans Ziel zu kommen. Die Neubauwohnung im ersten Stockwerk war gehobener Standard.

„Was darf ich Ihnen anbieten?" fragte die gelernte Barfrau.

„Ein Glas Wasser mit Sprudel, wenn's Recht ist."

Sie nahmen in einer Luxus-Sitzgarnitur Platz.

„Wie Sie sicher schon wissen, wird Ihr Bruder polizeilich gesucht. Eine schwierige Situation für alle Beteiligten. Wie ist Ihr Verhältnis zur Familie?"

„Traurig, das Ganze. Wir halten alle eng zusammen. Die Sache mit meinem Bruder kann nur ein Missverständnis sein. Hoffentlich klärt sich alles bald."

„Die Angehörigen sind immer die Leidtragenden. Ihre Mutter geht sehr gefasst um mit ihrem Schicksal. Was sagt denn Ihr geschiedener Vater dazu?"

„Das ist ein Missverständnis. Der geschiedene Mann meiner Mutter ist nicht mein Vater. Ich kenne ihn kaum. Ich war, äh...ich bin der Scheidungsgrund."

„Das ist überraschend. Ich wusste das nicht. Wer ist denn Ihr leiblicher Vater, wenn ich fragen darf."

„Alexander Breschniakow, ein angesehener russischer Staatsbürger, der auch einen Wohnsitz hier in Mallorca hat. Und bevor Sie weiter fragen: ja, er hat mir diese Wohnung hier geschenkt."

„Ich bin sprachlos. Dann haben Sie und Ihr Bruder Paolo also verschiedene Väter."

„Richtig. Eigentlich sind wir Halbgeschwister. Was uns nie gehindert hat, enge Vertraute zu sein. Mein zehn Jahre älterer Bruder ist sowas wie mein zweiter Vater."

„Schafft das nicht auch Spannungen in der Familie?"

„Das ist völlig problemlos. Paolo akzeptiert meinen Vater wie seinen eigenen. Mindestens. Alexander Breschniakow ist ein wunderbarer Mensch. Er spricht Spanisch. Im „Titos" war er ein gern gesehener Gast."

„Ein echter VIP sozusagen".

„Ja. Manchmal fuhr er direkt mit seiner Yacht vor und kam durchs VIP-Portal rein."

„Wie die Schönen und Reichen vom Lido."

„Die Clubmanager wussten zu schätzen, dass ich die Tochter eines russischen Oligarchen bin. Sonst hätte ich meinen Job schon eher verloren. Sie wollten uns jung und knackig. Viele von uns sind inzwischen auf dem Strich.“

“Der Boss Ihres Ladens saß ein Jahr in U-Haft und ist nur gegen eine Kaution von 1 Million Euro vorübergehend frei. Ihm wird ein dreckiges Netzwerk aus Polizisten, Politikern und Beamten nachgesagt, das sein Monopol in der Vergnügungsbranche schützte. Sein Prozess wird ein neues Kapitel im Chaos der Corona-Pandemie sein. Haben Sie noch Kontakte zu Ihren Kolleginnen?“

Ninotschka nickte.

„Bei mir heult sich jede aus.“

„Titos Club kommt nicht wieder. Ebensowenig die übrigen Megaschuppen. An ihrer Stelle entstehen Luxusbauten für Superreiche. Samt der Kehrseite mit Prostitution und Drogenhandel. Die große Vergangenheit weicht einer glorreichen Zukunft.“

Isabel war hellwach. Die Tochter eines russischen Oligarchen war die Halbschwester eines vermutlichen Gewehrschützen, der der vermutliche Leibwächter eines untergetauchten Phantoms war. Gab es auch eine Verbindung dieses Oligarchen zum Phantom, und wenn ja, welche?

Der namenlose Hippie, der heimliche Herrscher von Tagomago, ein Verbündeter des deutschen Hochadels auf dieser Insel und ihr Mädchenbeschaffer Batracio - jetzt auch noch eine Geheimdienstconnection zu Mütterchen Russland? Hatte Verena Montes Recht mit ihrer Vermutung über den Namenlosen? War er ein Geheimdienstler? Woher kam Verenas spontaner Impuls am ersten Tag des Bombenanschlags?

Die Hauptkommissarin verabschiedete sich schnell von Ninotschka.

„Sagen Sie Ihrem Bruder, die Kripo macht ihm das Angebot seines Lebens!"

Isabel pokerte hoch mit Nichts in der Hand. Sie hatte keine Wahl, wenn sie die Chance nicht nutzte, das Phantom unter Druck zu setzen. Offenbar verbarg sich hinter dem Sündenbabel von El Terreno ein schwarzes Geheimnis. Warum sonst hatte die Polizei beim Boss von Titos Club ein illegales Schnellfeuergewehr unter dem Bett gefunden?

Sie musste Verena sprechen. Gleich jetzt. Möglicherweise war sie ein Schlüssel zum Erfolg in dieser irren Fahndung. Warum hatte Verena sich gerade in diesem verrückten Bezirk El Terreno festgebissen, der ausweglos nur nach oben oder unten führte?

Nachdem Isabel in den verwinkelten Straßen ihr Auto wiedergefunden hatte, fuhr sie stracks zur Carrer Manacor, wo ihre Kollegin wohnte. Ein Arbeiterbezirk mit viel Industrie, aber auch ein- und zweigeschossigen Häusern mit grünem Innenhof im Bezirk La Soledad.

Sie hatte die Hausnummer vergessen, aber der Wachposten an der Eingangstür war nicht zu übersehen. Sie wies sich aus und ließ sich den Wohnungsschlüssel geben. Statt zu klingeln, schloss sie die Tür auf und rief: „Hallo Verena, ich bin's, Isabel, wir müssen reden."

Verena hatte sich im Bett aufgesetzt und zog ihre Decke über die Schultern. Sie sah blass aus und freute sich über Besuch. „Den ganzen Tag ans Haus gefesselt, Du kannst Dir nicht vorstellen, wie öde das ist."

„Ich war nicht auf Krankenbesuch eingestellt, sonst hätte ich Dir was mitgebracht."

Zum Glück gab es genug Gesprächsstoff. „Stell Dir vor, wir haben einen ehemaligen Polizisten aus El Terreno als den möglichen Attentäter ermittelt, der auf Dich geschossen hat. Mit einem

Gewehr, das er von einem ehemaligen Kollegen erworben hat. Er ist flüchtig und heißt Paolo Vermont.“

„Absurd. Den kenne ich überhaupt nicht.“

„Brauchst Du auch nicht. Jetzt kommt der schwierige Teil.“

„Ich bin jetzt nicht mehr in Gefahr. Der Wachposten kann gehen. Der arme Kerl langweilt sich sicher zu Tode.“

„Der schwierige Teil ist, dass Du in El Terreno jemandem zu nahe gekommen bist.“

„Sieht so aus.“

„Der Ex-Polizist ist möglicherweise ein Bodyguard von unserem Phantom. Aber das ist noch nicht alles. Paolo Vermont hat eine jüngere Schwester, deren Vater ein Russe der Oberschicht ist. Was er in Mallorca treibt, außer sein Geld in Immobilien anzulegen, ist unbekannt. Vielleicht wird auch Paolo von ihm bezahlt. Was war Dein erster Gedanke, als wir von dieser Geistererscheinung ohne Namen und Meldeadresse auf spanischem Boden sprachen?“

„Geheimdienst.“

„Genau. Ich denke inzwischen wie Du. Ein russischer Oligarch, dazu ein unsichtbarer Gangster mit Geheimverbindung zum deutschem Hochadel und ein undurchsichtiger Erbschaftsstreit innerhalb des deutschen Hochadels – ein explosives Mischmasch.“

„Wir müssen diesen Paolo Vermont zum Reden bringen.“

„Meine Meinung. Bieten wir ihm Straffreiheit an, wenn er plaudert. Du verzichtest auf eine Anzeige wegen Deines Betriebsunfalls, wenn er seine Auftraggeber preisgibt.“

„Deal.“

„Tapferes Mädchen.“

„Leg ein gutes Wort ein für meine Reaktivierung am Arbeitsplatz. Ich habe den täglichen Mittagstisch auf Rädern so satt.“

„Einverstanden.“

„Eine Bedingung – lass mich beim Verhör mit Paolo Vermont dabei sein.“

„Klar, wenn wir ihn haben.“

10. Kapitel

Paolo Vermont war auf dem Weg zum Flughafen Palma, als ihn der Anruf seiner Mutter erreichte. „Die Polizei sucht Dich wegen eines Überfalls auf eine Polizistin. Du sollst Dich stellen."

Damit hatte er nicht gerechnet. Etwas war schief gelaufen. Gründlich schief. Das konnte nur einen Grund haben. Sie hatten ihn mit dem Schuss auf diese übereifrige Wühlerin von der Policia Nacional in Verbindung gebracht, die ihre Nase zu tief in den Bezirk El Terreno gesteckt hatte. El Terreno war die fette Pfründe der Unterhaltungskultur, die vom alten Big Boss unfreiwillig geräumt worden war und jetzt wegen des Corona-Leerstandes auf seinen neuen Eroberer wartete.

Al Batracio hatte keine Sekunde gezögert. Ein Sniper, der den Bezirk kannte wie seine Westentasche, sollte ein Zeichen setzen. Also hatte Paolo Vermont zum Gewehr mit Zielfernrohr gegriffen und auf sein Opfer gewartet.

Er war mit seinem Chef auf Ibiza verabredet, um alles weitere mit ihm zu besprechen. Er beschloß, den Flugplatz zu meiden. Stattdessen nahm er von der Autobahn gleich die Ausfahrt zum Hafen in der Hoffnung auf weniger strikte Kontrollen in der Fähre.

Das Klicken der Handschellen einer Esquadra de Mossos belehrte ihn eines Besseren.

Seine Vergangenheit hatte ihn eingeholt. Sie hatten ihn bei den Eiern. Noch nicht ganz, aber fast. Er war einer der Bodyguards des derzeit meistgesuchten Mannes in Spanien. Zutreffend, aber nicht beweisbar.

Er hatte auf eine Polizistin geschossen. Ebenfalls zutreffend, aber auch nicht wirklich beweisbar. Die Waffe hatte mehrfach den Besitzer gewechselt und er war bereit, zu schwören, nicht der Letzte gewesen zu sein.

Wenn der Mann, für den er arbeitete, ihm einen guten Anwalt stellte, konnten sie ihm gar nichts. Es durfte nur nie rauskommen, in wessen Auftrag der Anwalt wirklich handelte. Paolo musste abwarten und durfte nichts selber tun.

Der Weg vom Hafen zur Polizeizentrale war kurz. Paolo hoffte, die Handschellen bald wieder los zu sein. Alles kam darauf an, dass der Mann, mit dem er am Hafen von Ibiza verabredet war, die richtigen Schlüsse aus seinem Fernbleiben zog.

Vermont saß am Verhörtisch und wartete auf die Dinge, die da kommen sollten. Sie kamen in Form zweier gutaussehender Polizeibeamtinnen. Die jüngere hatte ihre Blässe mit Makeup überdeckt. Er ließ seine Handgelenke mit den Schellen anklagend auf den Tisch krachen. „Weshalb bin ich hier?"

Die Jüngere wandte sich an den Dienstposten: „Bitte entfernen Sie die Handschellen von diesem Herren. Er war selber Polizist und weiß sich normalerweise zu benehmen."

Der Posten entfernte die Handschellen.

„Lassen Sie uns bitte allein."

Als der Posten gegangen war, fragte Paolo erneut. „Was wirft man mir vor?"

„Sie sind festgenommen wegen des Mordversuchs an einer Polizistin. Als ehemaliger Polizeibeamter kennen Sie Ihre Rechte. Sie können einen Anwalt nehmen, dürfen aber auch schweigen. Alles, was sie Aussagen, kann gegen Sie verwendet werden."

„Sie haben nichts gegen mich in der Hand. Ich bestreite gar nicht, dass mit meiner ehemaligen Dienstwaffe ein tödlicher Schuss von mir abgegeben wurde. Das war vor fünf Jahren. Ich wurde deshalb entlassen. Sie können mir daraus keinen Strick drehen."

„Und wo ist die Waffe, mit der auf eine Polizistin geschossen wurde?"

„Ich hätte nie auf eine ehemalige Kollegin geschossen."

„Wir geben Ihnen genug Zeit für eine bessere Geschichte. Sie bleiben hier und werden innerhalb 24 Stunden dem Untersuchungsrichter vorgeführt. Sie kommen dann in Untersuchungshaft und können schon mal über viele Jahre im Knast nachdenken. Hängt davon ab, was Sie erzählen wollen ..."

„Was meine junge Kollegin meint, ist, ob wir von Mordversuch oder Femizid ausgehen müssen, was eine Straftat zur Vertuschung einer Vergewaltigung ist. Das wäre noch schlimmer für Sie. Nach der Gesetzesänderung von 2004 hat Spanien die stärksten Frauenrechte in ganz Europa."

Verena Montes blickte verwirrt auf die ältere Kollegin, als der nicht aussagebereite Personenschützer abgeführt wurde. „Wollten wir nicht ein Angebot zur Kooperation machen?"

„Geduld. Er soll erst mal ein bisschen in der Zelle weichkochen. Falls er stur bleibt, sagst Du aus, er hätte Dich vergewaltigt und dann zu erschießen versucht. Das treibt unsere Frauenbewegung massenhaft auf die Straße."

„Als ich im Krankenhaus war, wurde ich nicht auf Vergewaltigung untersucht."

„Weil niemand davon wusste. Du hattest eine vorübergehende Amnesie wegen der erlittenen Gewalt. Unser Phantom arbeitet mit allen Mitteln. Wir müssen es auch, wenn wir ihn kriegen wollen."

„Damit bewegen wir uns außerhalb des Gesetzes."

„Die Ausnahmesituation zwingt uns dazu. Der Gesetzgeber hat nicht vorgesehen, dass bei uns ein Mensch ohne Namen und ohne Wohnsitz sein Unwesen treibt.“

„Berechtigt uns das zu einer Lüge?“

„List ist keine Lüge. List ist die Kraft des Verstandes gegen einen scheinbar Überlegenen. Trotz des Fahndungsfotos sagt bisher niemand gegen den Übeltäter aus. Nur Mut, wir zwingen Paolo Vermont, sich für die richtige Seite zu entscheiden. Wenn er mitmacht, erfährt niemand, warum.“

„Einverstanden, kämpfen wir weiter.“

Da sich von selbst kein Anwalt für den Fall meldete, luden sie Paolo am nächsten Tag vor Ablauf der Frist erneut ins Verhörzimmer.

„Hatten Sie eine gute Nacht“, erkundigte sich Isabel scheinheilig.

Paolo schwieg.

„Warum nehmen Sie keinen Anwalt?“

Paolo schwieg weiter.

„Wir möchten Ihnen ein Angebot machen.“

Schweigen.

„Wenn Sie mit uns kooperieren, sind Sie ein freier Mann. Sagen Sie uns, für wen Sie arbeiten. Dann hören wir auf, gegen Sie zu ermitteln und lassen Sie frei.“

Langes Schweigen.

„Sie arbeiten für Alberto Batracio oder wie immer er jetzt heißt. Sagen Sie uns, wo wir ihn finden und Sie sind frei. Sonst sterben Sie im Gefängnis. Einfache Entscheidung.“

Paolo Vermont legte seine Hände auf den Tisch und sah sie lange stumm an. Sein Mund bewegte sich sehr langsam.

„Wenn ich rede, bin ich tot. Wenn ich nicht rede, wandere ich vielleicht für lange ins Gefängnis. Keine große Auswahl. Der Mann, von dem Sie reden, könnte den besten Anwalt für mich schicken. Ich kann ihn nicht darum bitten, er müsste es selbst tun. Ich bin nicht Herr der Entscheidung.“

„Oh doch. Reden Sie mit uns. Wir stellen Sie unter Personenschutz. Neuer Name, neuer Wohnort, ständiger Polizeischutz. Al Batracio wird Sie töten lassen, egal ob wir sie freilassen oder ins Gefängnis bringen. Kein Knast wird ihn hindern, seine Macht zu nutzen.“

„Sie können nicht meine ganze Familie vor ihm schützen. Ich sterbe lieber, als meine Angehörigen zu gefährden.“

„Wir tun unser Möglichstes. Sie haben noch zwei Stunden Zeit. Dann entscheidet der Untersuchungsrichter.“

11. Kapitel

Isabel war mit ihrem Latein am Ende. Immerhin hatte sie von Vermont jetzt die Bestätigung, einer von Batracios Personenschützern zu sein. Sie ließ sich vom Staatsanwalt die Genehmigung für eine Hausdurchsuchung geben. Mit zwei Kollegen krempelte sie die Zweizimmerwohnung von Paolos Mutter um. Sie fanden nichts. Der Gauner hatte sicher neben dem Haushalt seiner Mutter noch eine eigene Bleibe, die mehr seinen Ansprüchen entsprach.

Sie fuhr sofort zurück ins Präsidium und stellte Vermont nochmals zur Rede. „Ich kann ja verstehen, dass Sie nicht gegen den Big Boss aussagen wollen. Aber geben Sie mir einen Tipp, wer von Euch das Sprengstoffattentat in Pollença verübt hat. Es reicht, wenn ich erfahre, wer genügend Kenntnis zur Ausführung solch einer professionellen Tat hat.“

„Für den Pollença-Plot gibt es in ganz Spanien nur einen, der so was kann. Pancho von der Unidad de Operaciones Especiales. Der hat vor zwei Jahren aus unbekannten Gründen dieses Elitecorps verlassen. Jeder von denen hantiert mit Sprengstoff wie eine spanische Hausfrau mit Creme Caramel.“

Paolo wollte seine Wut nicht länger unterdrücken. Wenn er Batracio keinen Anwalt wert war, sollte der selbst sehen, wie er seinen besten Mann aus dem Feuer holte.

„Die Kampfschwimmer der Marine haben weniger als 200 Mann in ihrer Einheit. Da ist es leicht, den Richtigen zu finden. Für die Typen der UOE ist es eine Ehre, einen Pazifisten wie Katzer in die Luft zu jagen.“

„Ok, wir suchen also einen Pancho von der Unidad de Operaciones.“

„Tun Sie das. Wenn Sie ihn finden, kriegt er sicher einen Orden, haha."

Paolo wurde zurück in seine Zelle geführt.

Obwohl die Hauptkommissarin einen schrecklich offiziellen Weg über den Innenminister und den Kriegsminister einschlagen musste, ging alles erstaunlich schnell. Nach einer Woche kam der Bescheid, sie könne sich wegen eines Pancho Colom an den zuständigen Teniente Corporal der Einheit wenden, der sich gerade dienstlich in Puerto de Alcudia befinde.

Isabel Cifre Cerda vereinbarte Ort und Zeitpunkt im Hafen und traf den Teniente der Green Berets. Der war ziemlich jung und arrogant: "Haben Sie persönliche Gründe für dieses Treffen?"

„Dann wäre ich kaum auf dem Dienstweg über zwei Ministerien zu Ihnen gekommen."

„Also Ihr Pancho hat vor zwei Jahren seinen Dienst quittiert. Seine letzte uns bekannte Adresse ist in der Urbanisacion de Guix. Die 21 Häuser haben keine Adresse. Fragen Sie Pep, den Wirt der Gaststätte an der Ma10. Pancho hat in der Urbanisacion einen ganzen See für sich allein zum Schwimmen. Viel Spaß."

Der Teniente salutierte und wendete sich grinsend ab.

Isabel war trotz allem froh, den jungen Fatzke getroffen zu haben. Sie war zwar herablassend behandelt worden, ohne Würdigung ihres Ranges und ihrer Dienstjahre. Aber der Schnösel kannte offenbar Pancho persönlich und hatte ihr wochenlange Recherchen erspart.

Sie blickte auf ihre Uhr und entschied, sofort von Alcudia auf die Ma10 zu fahren und über Escorca weiter zur Urbanisacion de Guix. Sie hatte das Restaurant Es Guix und ein paar dahinter liegende Häuschen erwartet und war schockiert, dass der Bürgermeister der kleinsten Gemeinde mit dem größten

Territorium der Insel offenbar plante, die Tramuntana mit einer Siedlung ungeahnten Ausmaßes zu verschandeln.

Escorca hat 212 Einwohner auf fast 140 Quadratkilometern Fläche und ist als Ortschaft fast unsichtbar.

Jeder vierte Einwohner ist Analphabet, weil es keine Schule gibt.

Für die Ansiedlung Es Guix sind jetzt schon 100 Häuser geplant oder im Bau, eins hässlicher als das andere. Das letzte Wort werden die Gerichte haben.

Die Kommissarin ging zum Restaurant Es Guix, um den Wirt nach der Finca des Kampfschwimmers zu fragen. Sie durchschritt einen alten Torbogen, der sie an die Kulisse aus „Spiel mir das Lied vom Tod" erinnerte. Die gleichen erdigen Farben des Spaghettiwestern. Im Film steht ein Vater mit dem Strick um den Hals auf seinem Sohn, während das Kind die Mundharmonika spielt.

Isabel fand ihre eigene Situation der des Kindes ähnlich. Die Last der Welt ruhte auf ihren Schultern.

Das Restaurant war geschlossen. Isabel fand den Wirt bei der Gartenarbeit und fragte ihn nach Pancho Colom. Der Wirt kratzte sich am Kopf. „Sie meinen den „Green Beret", den Boina Verde von der Einheit?"

„Genau den."

Der Wirt gab eine umständliche Beschreibung. Sie verlief sich in den Baustellen und fragte mehrfach bei Anwohnern und Bauarbeitern. Keiner kannte Pancho. Schließlich landete sie wieder bei Pep, dem Wirt des Landhauses. Offenbar war Pancho ein wichtiger Bekannter des Wirts. Das verlangte persönlichen Einsatz. Pep nahm sie am Arm und führte Isabel zu Panchos Haus. Statt zu klingeln rief er lauthals: „Pancho, Besuch für Dich".

Eine Garagentür ging auf und ein halbnackter Muskelmann trat in die Sonne, um ihr den Ellenbogen zu reichen: „Encantado, Señora, soi Pancho.“

Isabel zog ihren Dienstausweis und stellte sich förmlich vor: "Hauptkommissarin Isabel Cifre Cerda von der Policia Nacional“.

„Toll, was führt Dich zu mir? Kann gerade nicht die Hand reichen, bin an meinem Jeep am Schrauben.“

„Können wir das im Haus klären, ich komme dienstlich“.

Cifre Cerda fiel auf, dass dem Mann am kleinen Finger der linken Hand, die er eben vom Öl reinigte, die Kuppe fehlte. Sicher ein Zeugnis seiner bewegten Vergangenheit.

Der Muskelmann machte eine einladende Geste zur Haustür und verabschiedete sich vom Wirt: „Ich komme nachher auf einen Espresso vorbei, Pep.“

Pancho dirigierte die Besucherin zu einer Couchgarnitur und log ungeniert: „Ich habe selten Damenbesuch. Darf ich Ihnen ein Glas Wein anbieten?“

„Danke, nein, ich bin dienstlich hier. Ein Glas Wasser würde reichen.“

„Was führt eine so charmante Vertreterin der Policia Nacional zu mir an das abgelegenste Ende der Insel?“

„Sie haben sicher vom Sprengstoff-Attentat in Pollença gehört. Reden wir nicht lange um den heißen Brei. Da muss ein Experte am Werk gewesen sein. Haben Sie als ehemaliger Kampfschwimmer eine Idee, welcher Profi da beteiligt sein könnte?“

„Da bin ich leider überfragt. In der Einheit sind immer noch 181 Experten aktiv. Ich habe vor zwei Jahren bei der Marine aus der UOE meinen Dienst quittiert. Ich schwimme nur noch zum Spaß ein bisschen im Privatsee von Pep meine Runden, um mich fit zu halten. Der See ist zwar klein, aber eine so charmante

Begleitung wie Sie könnte mich sofort dazu verleiten, als Schwimmlehrer einzuspringen.“

„Abgemacht“, Isabel sprang auf, öffnete ihre Bluse und ihre Jeans und stolzierte ins Nebenzimmer, wobei sie einen Vorhang zuzog. Das hinderte sie nicht an einer schnellen Bestandsaufnahme aller herumliegenden Gegenstände.

Pancho, immer noch halbnackt, lachte über das ganze Gesicht. Isabel sah sich hilfesuchend im Zimmer um, griff scheinbar absichtslos eine herumstehende Digitalkamera und sagte: „Ich habe leider keinen Badeanzug dabei. Aber wenn Ihr Freund Pep bereit ist, uns zu filmen, drehe ich nackt mit Ihnen ein paar Runden im Teich.“

Pancho versuchte, ihr die Kamera aus der Hand zu reißen. Aber Isabel hatte schon wie absichtslos den Knopf gedrückt, um auf dem Display nach dem Inhalt zu sehen. Sie sah die schaurige Vergewaltigung eines sehr jungen Mädchens durch einen Vermummten.

„Das erfüllt den Tatbestand einer gesetzwidrigen Handlung“, erklärte sie und sprang außer Reichweite, wobei sie noch eine kurze Filmsequenz mit dem verblüfften Muskelmann schoss. Pancho Colom trat einen Schritt auf sie zu und wollte nach ihr greifen. Sie quittierte das mit einem Kampfgriff und legte die Hand auf ihre Pistole. „Nicht anfassen!“

Er hatte nicht mit ihrer Kampfbereitschaft gerechnet und lächelte schief: “Die Kamera hat ein Freund hier vergessen.“

„Ich muss die leider beschlagnahmen. Wie heißt Ihr Freund?“

„Sag ich nicht. Soll er selber tun, wenn er den Männerkram bei Ihnen abholt. Tut mir leid für die Unannehmlichkeiten.“

„Halten Sie sich bereit. Es kommt noch jemand vorbei wegen Ihrer Fingerabdrücke.“

Die Kommissarin eilte zum Auto. Mit einer Hand hielt sie ihre Waffe, mit der anderen die Kamera. Ihre Bluse war immer noch offen, aber die Jeans hatte sie wieder zu. Mit etwas Glück und viel Sexappeal hatte sie ihren Frauenheld überlistet. Würde er nachkommen? Der Weg zum rettenden Auto war endlos. Als sie mit kreischenden Rädern startete, sah sie zurück. Niemand folgte ihr. Warum auch? Was konnte man ihm beweisen.

Auf der Gebirgsstrecke überholte sie alle Touristen, erreichte die Autobahn und war nach 40 Minuten im Präsidium. Dem Mann von der Spurensicherung drückte sie die Kamera in die Hand.

„Ich brauche schnell eine Auswertung. Größe, Gewicht und Bewegungsablauf des Mannes mit der Maske. Alles, was wir über das Mädchen ermitteln können. Einzelheiten über den Tatort des Verbrechens. Und ich brauche Fotos – vom Gesicht des Opfers und von dem halbnackten Mann, den ich da gefilmt habe."

Isabel war sicher, auf der richtigen Spur zu sein. Aber ohne ein Geständnis von Pancho hatte sie wenig.

12. Kapitel

Die Balearen hatten sich über Nacht zum schlimmsten Hotspot der Covid-19-Pandemie in ganz Spanien entwickelt. Die Situation in Mallorca übertraf sogar die meisten Problemzonen Europas. Ibiza lag mit einem Inzidenzwert von 763 Personen pro 100.000 Einwohner innerhalb 14 Tagen noch darüber. Die Menschen starben wie die Fliegen.

Hauptkommissarin Isabel Cifre Cerda hatte andere Probleme. Der Schwerpunkt ihrer Fahndung hatte bisher in den Ballungsgebieten gelegen, wie sie bei einer Zusammenkunft ihrer Mitarbeiter sagte. Ihr gestriger Besuch in der Urbanisacion de Guix hatte ihr durch das Treffen mit dem Kampfschwimmer Pancho klar gemacht, wie gut sich gesuchte Personen im dünnbesiedelten Niemandsland aufhalten konnten.

Sie beschloß, mit Fotos des vergewaltigten Mädchens, von Pancho sowie von Paolo Vermont und von Alberto Batracio beim Bürgermeister von Escorca anzuklopfen. Er musste alle 212 Schäfchen seiner schwindenden Gemeinde kennen. Als gewiefter Politiker der Partido Popular vermutlich auch ein paar Leute mehr.

Escorca hat keinen Ortskern. Bei anderthalb Einwohnern auf einem Quadratkilometer ist das auch nicht zu erwarten. Dennoch war das Rathaus mit seinen drei Fahnen – der des Ortes, der balearischen und der spanischen Flagge – gleich neben der Apotheke nicht zu übersehen. Da sich die Kommissarin angemeldet hatte, herrschte kein Zeitmangel im Büro des Batle.

Der Bürgermeister freute sich über offiziellen Besuch aus Palma und schüttete sein Herz aus. Die Regierung werde ihrer Verantwortung gegenüber dem Ort nicht gerecht. Bei jeder Schneeflocke verstopften parkende Besucherscharen die

Gebirgsstraße. Die Gemeinde müsse zur Selbsthilfe greifen. Isabel nickte. Sie war mehrfach nur mit Blaulicht vorangekommen.

Die Gemeinde verliere ständig Einwohner, klagt der Bürgermeister. Große Agrarbetriebe könnten ohne Genehmigung von zusätzlichem Hotelbetrieb nicht überleben. Die Touristen hinterließen viel Müll, aber keinen Verdienst. Isabel hob die Hände, um ihn zu bremsen.

„Ich bin von der Polizei, nicht von der Landespolitik. Wir haben ein schweres Verbrechen aufzuklären, finden aber keine Unterstützung aus der Bevölkerung."

Sie legte ihre Fotos auf den Tisch. Bilder vom Bombenattentat, vom vergewaltigten Mädchen, von Paolo Vermont und Pancho Colom, dem Kampfschwimmer. Am Schluss das Fahndungsfoto von Alberto Batracio. „Das ist der vermutliche Drahtzieher vieler Verbrechen, den niemand zu kennen scheint."

Der Bürgermeister schwieg lange. Er griff das Mädchenfoto vom Tisch: „Dieses Kind stammt definitiv nicht aus unserer Gemeinde. Ich kann Ihnen leider nicht helfen."

So leicht wollte die Hauptkommissarin ihn nicht davonkommen lassen.

„Ich hatte gestern ein Treffen mit Pancho Colom, dem Helden der Urbanisacion Guix. Ein Mann, der offenbar viele Freunde und großen Einfluss in der Gemeinde hat. Von ihm stammt die Kamera, die das Mädchenfoto enthält. Die Kleine wurde Opfer einer Vergewaltigung, mit der er angeblich nichts zu tun hatte. Seine Akten bei der Marine sind ohne Fehl und Tadel. Sie müssen ihn kennen."

„Es steht mir nicht zu, einen geachteten Parteifreund anzuschwärzen. Er hat sich nicht nur in der Marine, sondern auch in der Partido Popular sehr verdient gemacht. Ihn mit einem gesuchten Verbrecher in Verbindung zu bringen, ist absurd".

„Schauen Sie sich die Fotos noch einmal genau an. Einen aus Ihrer Umgebung haben Sie nicht gleich erkannt. Vielleicht ist auch Alberto Batracio ein entfernter Parteifreund? Ist das vielleicht der Grund, warum kein Mensch ihn kennen will, obwohl das Bild in allen Zeitungen war? Ein Mann mit unzähligen Verbindungen, der selbst mit dem König Juan Carlos auf Ibiza zusammen gekommen ist?"

„Sie haben es nicht gewagt, einen gesuchten Attentäter mit dem König in Verbindung zu bringen. Das Treffen mit Juan Carlos findet keine Erwähnung. Jetzt versuchen Sie es mit mir, dem Bürgermeister der kleinsten Gemeinde von Mallorca. Das ist nicht fair."

„Na ja, Sie haben jedenfalls mir sehr geholfen. Halten Sie sich bitte zur Verfügung, falls es unsere Ermittlungen erforderlich machen."

Nachdem es gestern so gut funktioniert hatte, beschloß sie, Pancho Colom noch einmal hereinzulegen. Sie fuhr weiter zur Urbanisacion und, da sie den Weg nun kannte, gleich bis zu seinem Haus. Sie wollte einen kurzen Fluchtweg, falls er wieder versuchen sollte, gewalttätig zu werden.

Sie hupte dreist und klingelte gleich darauf Sturm. Als er sie sah, nahm er die Haltung eines gereizten Raubtiers an. Isabel trat einen Schritt zurück.

„Versuchen Sie keine Tricks. Meine Mitarbeiter sind gleich hier, um Sie abzuholen. Wir haben auf Ihrer Kamera neben Ihren Fingerabdrücken auch die von Al Batracio gefunden."

Das war gelogen. Nur die Abdrücke von Pancho Colom waren identifiziert. Von wem das zweite Paar stammte, wusste die Polizei im Gegensatz zu Pancho nicht. „Scheiß Kamera" sagte er.

Isabel hoffte, der Wahrheit näher gekommen zu sein. Sie klopfte noch einmal auf den Busch.

„Ich komme gerade vom Bürgermeister von Escorca. Ihre Freunde von der Partido Popular werden bald beschließen, sich von so dubiosen Mitgliedern wie Ihnen zu distanzieren."

„Ohne Durchsuchungsbefehl kommen Sie nicht mehr in mein Haus. Machen Sie, dass sie davonkommen!"

Isabel lächelte freundlich. „Wie sehen uns wieder!" Auf dem Weg ins Präsidium dachte sie dankbar an Öhrchen, die den ganzen Tag treu ihr Dienstzimmer bewachte und als amtlich nicht registrierte Einlaßsperre für ihren Arbeitsbereich funktionierte. Sie traute der Al Batracio-Front inzwischen jeden miesen Trick zu.

Sie bat alle Mitarbeiter in den kleinen Gemeinschaftsraum und gab einen knappen Überblick ihrer Ermittlungen in Escorca und Es Guix.

„Der ehemalige Kampfschwimmer Pancho Colom ist ein Hauptverdächtiger im Zusammenhang mit dem Pollença-Plot, aber für eine Verhaftung reicht es noch nicht. Die Vergewaltigungsszene in der konfiszierten Kamera ist offenbar sehr aktuell. In Ibiza wurde vor wenigen Tagen die Polizei von einem merkwürdigen Vorfall unterrichtet, dem bisher ohne Kenntnis der näheren Umstände wohl keine besondere Bedeutung zugemessen wurde. Ich bitte dazu die zuständigen Kollegen ums Wort."

„Die Besatzung einer Segelyacht hat vor wenigen Tagen ein Mädchen aus den Gewässern vor Ibiza gefischt, das kurz vor dem Ertrinken war. Das Mädchen hat keine Angaben über ihren Namen und ihre Herkunft gemacht. Es machte einen sehr verwirrten Eindruck und trug Verletzungen am Körper, als ob es in eine Schiffsschraube geraten war. Nach dem Anlegen auf Ibiza sprang es an Land und lief davon. Die Besatzung des Bootes hat die Polizei alarmiert und einen Bericht hinterlassen. Die polizeilichen Ermittlungen verliefen bisher ergebnislos.“

„Wir müssen jedem Hinweis nachgehen, auch wenn er noch so vage ist“, schaltete sich Isabel ein. „Das Mädchen auf dem Film ist höchstens 15 Jahre alt, wahrscheinlich jünger. Nach allem, was wir wissen, passt die Kleine in das Opferschema von Alberto Batracio. Nehmt das Bild des Opfers und befragt jede in Frage kommende Familie auf Ibiza, ob ihr Kind vielleicht in den Vorgang verwickelt war.“

„Bei etwa 120.000 Einwohnern kann das Jahre dauern, bis wir durch sind“, ertönte lautstarker Protest.

„Nehmt aus dem Einwohnerregister nur die Familien mit Kindern, speziell mit Mädchen im passenden Alter, dann kommen wir auf vielleicht 10.000 Fälle. Richten wir in allen Gemeindezentren eine Meldestelle ein, die Leute reden ja miteinander, so müsste das in wenigen Tagen zu schaffen sein.“

„Es wäre sicher hilfreich, das Foto des Mädchens in allen Blättern der Insel zu veröffentlichen, auch den wöchentlichen Anzeigern.“

„Einverstanden. Laden wir morgen sämtliche Redaktionen der Balearen zu einer Pressekonferenz und versetzen die Inseln in Aufruhr. Wir blasen zur Treibjagd gegen den letzten Piraten der Pityusen. Niemand ist sicher vor ihm und jeder ist aufgefordert, das Monster Alberto Batracio zu stellen. An die Arbeit!“

Isabel heimste lautstarken Beifall ein. Er steigerte sich zu Ovationen, als Kripochef Caplonch aufsprang und ihr die Hand schüttelte. Ein Temperamentsausbruch, den niemand dem störrischen Wunderling zugetraut hatte.

„Wir müssen alle Mittel nutzen, um Aufmerksamkeit zu erregen. Der Lockdown legt das Land gerade lahm. Das ist unsere Chance.

Das größte Hotel muss für unsere Zwecke geöffnet werden, viel Tamtam und Brimborium. Wir haben mehr als einen Elefanten zu bieten. Wir führen ein Monster vor.“

13. Kapitel

Alberto Batracio, der Mann mit den vielen Gesichtern, war wandelbar wie der Mond, dem Katzer zu folgen nicht müde wurde. Jedes Gefühl von Vertrautheit war Selbstbetrug.

Alberto ließ sich in keine Schublade stecken. Bevor Katzer das Monster in seinem Kumpel entdeckte, ließ er sich von Batracio nach Ibiza locken. „Komm ins ‚Boat House' nach Ibiza", war alles, was er am Telefon sagte.

Nur dieser kurze Satz. Keine Erklärung, nicht mal ansatzweise der Versuch, zu überzeugen. Er hatte aufgelegt, bevor Katzer Fragen konnte.

Er verließ sich auf Katzers Recherchetalent und dessen Gespür für Knüller. Es gab zum Glück nur ein ‚Boat House' in Ibiza, und die Fähre legte in einer Stunde ab. Zeit genug, um bis Mitternacht da zu sein und beim Einsterne Wirt dessen inselberühmte Crème Catalan zu probieren, die nicht auf der Karte stand und spezieller Zubereitung bedurfte.

Das Knowhow dieser Zubereitung bestand in dem Wissen, wann die Soße die richtige Farbe hatte – eine Sekunde Hitze zu viel schmeckte leicht bitter – sowie der Verwendung einer echten Vanilleschote, längsseits geschnitten.

Während der Überfahrt grübelte Katzer, was dieser als Hippie verkleidete Kontrollfreak an ihm fand. Zu dessen undurchsichtigem Beziehungsgeflecht zu gehören, war ebenso schmeichelhaft wie dubios. Katzers Romane und Exklusivartikel waren es sicher nicht. Sie hatten nie darüber gesprochen. Eher Rufus Katzers Interesse an Sex und Crime.

Wollte Alberto Batracio ihn als Ghostwriter für seine Biografie gewinnen? Eher nicht. Wahrscheinlich war es Katzers Netzwerk guter Kontakte zu Prominenten des öffentlichen Lebens, das Batracio während ihrer Bekanntschaft für sich zu nutzen hoffte.

Es waren immer die Münder und Augen, die Katzer spontan zu einem Menschen hinzogen. Wenn es hier mehr gab, wollte Katzer es sich nicht eingestehen. Batracios Hang zum Ruchlosen war nur vergleichbar mit Shakespeares Richard III, der die Witwe eines Ermordeten auf dessen Gebeinen vögelte. Katzer schauderte vor solcher Kumpanei. Er fühlte sich missverstanden und wollte die Annahme der Sendung verweigern.

Das Restaurant in der Carrer Cala Vincenc der Insel begrüßte ihn mit einer Überraschung. Der Sound eines Jazzquintetts mit afrikanischem Beat schallte über den Platz. Ein Verstoß gegen jeden Brauch im folkloregewohnten Party-Paradies. Das war eine unerwartete Revolution!

Das um Mitternacht sonst geschlossene ‚Boat House' war rappelvoll. Jung und Alt drängte sich vor der breiten Fensterfront mit Blick auf Strand und das Mittelmeer. Davor blies eine Frau Feuer und Flamme auf ihrem Baritonsaxophon, begleitet von einer Bassistin, Drums, Gitarre und Klavier.

In einer kurzen Pause war Batracio hinter ihn getreten.

„Darf ich Dir unsere Künstler vorstellen", umarmte er die Saxophonistin um ihre Taille wie eine alte Bekannte. „Muriel Grossmann aus Wien und ihre Freundin am Bass Gina Schwarz gleicher Herkunft. Dazu Uros Stanenkovic an den Drums und Radomir Milojkocic Klavier, beide aus Belgrad sowie Lorenc Milojkovic, Gitarre."

Katzer war sprachlos. Es hätte in sein Bild gepasst, wenn Alberto ihn mit Al Capone bekannt gemacht hätte, aber nicht mit diesen Wunderwesen von einem anderen Stern. Er blickte in Muriels lächelndes Gesicht und ihre strahlenden Augen, umrahmt vom Helm ihrer blonden Haare.

„So was wie Sie haben unsere Gestade noch nicht erlebt", sagte er. „Warum sind Sie nach Ibiza gekommen?"

„Ich habe immer das Licht gesucht."

Sie bewohnte ein riesiges Grundstück, das sie sich gar nicht leisten konnte, aber nie wieder hergeben wollte. „Die Hotels reißen sich um uns. Morgen sind wir im Ibiza Gran Hotel. Unsere Gagen steigen täglich und das Publikum trägt uns auf Händen. Wir sind konkurrenzlos."

Dem war nichts hinzuzufügen. Das Publikum verlangte Zugaben und versetzte die Bedienung in Ausnahmestand, was die Bestellung von Speisen und Getränken betraf. Alle waren von einem akustischen Fieber befallen.

Muriel wechselte mehrfach in einem einzigen Stück ihre Instrumente. Ein atemberaubender Übergang von Sopran, Alt- und Tenorsaxophon. Der Mann an den Tasten mit seiner elektronischen Klangorgel legte darunter diesen afrikanischen Sound, der eine Atmo exotischer Geräusche von dunkler Herkunft schuf.

Katzer schien, das Quintett würde alle Grenzen verschieben. Irgendwo am Rand war selbst Batracio nur ein Teil von vielen.

Das „Boat House" bot das ideale Dekor. Alte Planken, Ruderpinnen, Steuerräder, Rettungsringe, Netze und Tauwerk über Muschelwänden und alten Bänken, die kühn beleuchtete Untiefen im Boden mit tiefem Wasser und Meerestieren überbrückten. Licht mischte sich mit Dunkel, helle Decken mit verschwiegenen Winkeln, offenes Feuer lockte in heimliche Ecken. Allgegenwärtig war ein ausgestopfter Pelikan.

In dieser Nacht lernte Katzer einen anderen Batracio kennen. Der hatte Muriel überredet, sie in einem alten Buick aus den 50er Jahren zu ihrer Wohnung zu fahren. Die aufgehende Sonne färbte den Himmel rot und Katzer war froh, dabei zu sein.

Auf Muriels Grundstück wurden sie von Eseln und Ziegen begrüßt. Immer mehr Katzen tauchten auf und ein Dobermann beanspruchte seinen Rang als Alphatier. Am Gartentor hatte ein Bäcker aus der Umgebung frisches Baguette und Ensaimadas abgestellt und während sie frühstückten, tauchten immer neue Kaninchen zwischen den Gräsern und Blättern der Wiese auf.

„Will jemand frische Ziegenmilch zum Kaffee", fragte Muriel.

„Kannst Du auch melken?" fragte Katzer erstaunt.

„Für eine gelernte Tierärztin eine Selbstverständlichkeit."

„Dein Zoo ist wohl eine Erinnerung an Deinen früheren Beruf. Überrasche uns mit Ziegenmilch", forderte Batracio.

„Ich bin in Paris geboren, bevor ich in Wien aufwuchs" erzählte Muriel und hockte sich vor eine Ziege mit prallen Eutern. „Der Umgang mit Tieren liegt mir im Blut und das Saxofonspiel ist nur eine Erweiterung meiner Möglichkeiten."

„Musik sagt mehr als alle Worte", sagte Katzer.

„Ibiza liegt Dir zu Füßen", nickte Batracio. „Und wie kommst Du mit Deiner neuen Platte voran?"

„Der neue Markt will erobert werden. In der Musik ist nichts unmöglich. In Geldsachen sind die Grenzen enger."

„Auf der Nachbarinsel bricht mit Titos Club gerade eine Welt zusammen. Ein Imperium der Vergnügungsindustrie geht unter und ihr Big Boss wird lange im Knast verschwinden. Ein neuer Raum tut sich auf", sagte Batracio. „Jetzt kann Ibiza durchstarten, und auf höchstem Niveau. Zeig uns neue Wege, meine Queen. Wir bleiben in Verbindung."

Katzer wurde das Gefühl nicht los, dass die Pandemie wie ein Brandbeschleuniger in der kriminellen Szene wirkte. Das Unheil würde auch an Ibiza nicht vorbei gehen. Er fiel zurück in alte Zweifel. Muriel passte nicht in Alberto Batracios Frauenbild. Er war sicher nicht bereit, neue Wege zu suchen, wie sie es mit jedem Schritt tat. Selten waren sich Menschen begegnet, die gegensätzlicher waren. Wenigstens hatte sie ihn mit ihrer Ziegenmilch überzeugen können.

14. Kapitel

Es war das erste Mal, dass die Policia Nacional zu einer Pressekonferenz nicht in ihrem Präsidium, sondern in das größte Hotel von Ibiza eingeladen hatte. Zahlreiche Journalisten waren in den Konferenzsaal des Ca Na Xica geströmt, obwohl das Hotel wie alle anderen wegen der Pandemie hatte schließen müssen.

Der Ruf des Hotels, sein besonderes Ambiente in einem umgebauten Landhaus der Luxusklasse und viele einander jagende Gerüchte hatten für höchste Erwartungen bei allen Eingeladenen gesorgt.

Die Sondererlaubnis zur Öffnung für das besondere Ereignis war dem Management des Hauses so viel Wert, dass der Polizeibehörde keine Kosten berechnet wurden. „Wir haben diesen besonderen Ort aus besonderem Anlass gewählt", entschuldigte Kripochef Caplonch die Extravaganz seiner Behörde.

„Das schlimmste Verbrechen in unserer Kriminalgeschichte mit dem Pollença-Plot hat wahrscheinlich auf Ibiza seinen Ursprung und wird hoffentlich durch die Mobilisierung der hiesigen Bevölkerung aufgeklärt werden."

„Wir verteilen Ihnen heute noch einmal das Fahndungsfoto eines Mannes, den wir polizeiintern als den letzten Piraten der Pityusen bezeichnen. Er tritt unter beliebigen Namen auf. Wir geben Ihnen außerdem das Foto eines Mädchens, das kürzlich das vermutlich letzte Opfer dieses Verbrechers wurde. Die Hilfe des Mädchens und die seiner Eltern sind sehr wichtig für uns. Helfen Sie uns, Ihren Nachbarn und allen Mitmenschen, die Insel von diesem Ungeheuer zu befreien! Alle Mitteilungen werden von der Polizei vertraulich behandelt. Ich danke Ihnen und bitte um Ihre Fragen."

„Sind Belohnungen ausgesetzt?"

„Ja. Aber jetzt steht der Bürgersinn im Mittelpunkt. Mehr will ich dazu im Moment nicht sagen."

„Warum die Zurückhaltung?"

„Wir haben es mit einem Täter zu tun, der uns allen den Krieg erklärt hat. Es ist schon viel Blut geflossen. Die Sicherheit unseres Landes ist gefährdet. Auf eine Mitarbeiterin wurde geschossen. Wir werden nicht ruhen, bis wir am Ziel sind."

Es hagelte die üblichen Fragen. Caplonch antwortete, ohne kriminalistische Details preiszugeben. Er war ausnahmsweise zufrieden. Das Thema des Tages war gesetzt.

Die Mitglieder der Sonderkommission waren noch nicht zurück in Palma, als die Telefone schon heiß liefen. Unzählige Menschen fühlten sich angesprochen und wollten ihren Ärger loswerden; froh, bei der Policia Nacional ein offenes Ohr zu finden.

Der Anruf einer Bürgerin jedoch schlug wie der Blitz ein. Ihre 14-jährige Tochter Aina war vor kurzem erst spät nachts heimgekommen. Sie hatte sich in ihrem Zimmer eingeschlossen und sich geweigert, zu reden. Sie wollte ihr Bett nicht mehr verlassen, weil sie krank sei. Ein hinzugezogener Arzt habe Fieber festgestellt, eine hochgradige Erregung und merkwürdige Verletzungen am ganzen Körper, über deren Herkunft das Mädchen jede Auskunft verweigerte.

Der Anruf wurde an die Leiterin der Sonderkommission durchgestellt.

„Hier Cifre Cerda, schönen Dank für Ihren Anruf. Wie bitte heißt Ihre Tochter?"

„Aina".

„Und wann kam Aina nach Hause?"

„In der Nacht vom letzten Samstag."

„Also nach dem Attentat von Pollença.“

„Keine Ahnung. Ach so, ja möglich.“

„Ist jetzt nicht wichtig. Wir kommen sofort zu Ihnen, um alles weitere zu besprechen. Bleiben Sie ruhig und warten Sie bitte auf uns.“

„Unser Arzt war sehr besorgt, als er das Kind untersucht hat. Er meint, es sei misshandelt worden. Er hat mich gefragt, ob ich oder mein Mann es geschlagen haben. Wir würden das niemals tun. Hören Sie, wirklich niemals! Er will das Jugendamt einschalten. Wir lieben doch unsere Aina!“

„Unternehmen Sie nichts bis wir da sind. Wir kümmern uns um alles. Wir sind in zwei Stunden bei Ihnen. Geben Sie mir bitte Ihre Adresse – ich notiere. Danke sehr im Namen der Soko.“

Isabel bestellte ein Fahrzeug der örtlichen Polizei zum Flugplatz von Ibiza und gab Öhrchen ihr Futter. Sie beschloß, alleine zu fliegen. Im großen Versammlungsraum war jeder dienstbare Geist beschäftigt, Anrufe entgegenzunehmen. Sie steckte für alle Fälle ein Fahndungsfoto ein.

Das Flugzeug nach Ibiza war fast leer. Keine Touristen, nur ein paar Einheimische, die ihre Termine wahrnahmen. Isabel war froh, dass überhaupt noch geflogen wurde.

Sie begrüßte die zwei Kollegen, die am Flughafen von Ibiza auf sie warteten.

„Wie lange brauchen wir?“

„Wenn wir mit Blaulicht fahren, zehn Minuten.“

„Ja, bitte Sondereinsatz.“

Auf Ibizas Straßen war nicht viel los. Sie schafften es in neun Minuten. Sie verabschiedete sich von den Kollegen. „Warten Sie bitte im Wagen auf mich. Ich bin so schnell wie möglich zurück und entscheide dann, ob ich einen Flug oder die Fähre zurück nach Palma nehme.“

An der Gartenpforte wurde sie bereits von der aufgeregten Mutter des Mädchens begrüßt. Isabel zeigte ihr das Foto: „Ist sie das? Das Bild haben wir heute an alle Medien verteilt. Sie wurde das Opfer eines Verbrechens."

„Furchtbar. Das ist entsetzlich. Ja, das ist unsere Tochter."

„Ich bin froh, dass wir Aina gefunden haben. So etwas darf nie wieder passieren. Gehen wir rein und besprechen alles."

Isabel drängte darauf, mit dem Opfer zu reden. Das Mädchen lag völlig apathisch in seine Bettdecke gehüllt und drehte den Kopf zur Wand, als die zwei Frauen eintraten. Isabel ging ohne Zögern an ihr Bett und streichelte ihr über den Kopf.

„Aina, ich bin Isabel von der Policia Nacional. Du brauchst keine Angst mehr zu haben. Wir beschützen Dich jetzt."

Schweigen.

„Niemand wird Dir mehr etwas tun."

„Sie werden mich finden. Ich kann nichts tun."

„Euer Haus wird ab sofort Tag und Nacht bewacht. Sieh mich an. Ich verspreche es Dir."

Das Mädchen drehte sich um und sah der fremden Frau ins Gesicht. Durfte man diesen Augen und dieser Stimme Glauben schenken?

„Sie haben alles gefilmt. Sie haben gedroht, den Film ins Netz zu stellen und der ganzen Welt zu zeigen, wenn ich jemals was sage." Es folgte ein Tränenausbruch.

Isabel wartete, bis sich das Mädchen gefasst hatte. „Wir haben den Film sichergestellt. Es kann nichts mehr passieren. Wie viele Männer haben Dich bedroht?"

„Zwei."

„War der zweite auch maskiert?"

„Nein."

„Würdest Du ihn wiedererkennen?“

„Bestimmt. Wir haben lange geredet miteinander.“

„Wo war das?“

„Im ‚Pirata‘ am Strand. Der Mann war ein älterer Hippietyp.“

„Und wo wart Ihr dann?“

„Mit einem Motorboot auf der Insel Tagomago. Ich bin dann weggerannt und ins Meer gesprungen. Leute haben mich in ihr Boot gezogen und nach Ibiza zurückgebracht. Ich bin nach Hause gerannt.“

„Du bist ein sehr tapferes Mädchen, Aina. Ich bewundere Dich. Wir werden den bösen Mann und seine Bande bald vor Gericht bringen. Bist Du dann bereit, Deine Aussagen vor dem Richter zu wiederholen?“

„Hm, ja, aber nur, wenn der Film nicht öffentlich gezeigt wird.“

„Natürlich. Der Film geht nur die Polizei und die Justiz was an. Du musst bald wieder gesund werden. Wir schicken Dir jetzt jemand vom psychiatrischen Dienst, der Dir hilft.“

„Werde ich wieder normal leben wie alle in meiner Klasse?“

„Du schaffst das!“

Als Isabel das Haus verließ, überlegte sie, wann sie selbst je wieder ein normales Leben führen würde. Sie freute sich auf ihre neue vierbeinige Samtnase und auf Verena. Der Mutter von Aina gab sie den Rat, ihre Tochter so bald wie möglich wieder mit ihren Klassenkameraden zusammenzubringen.

Vor der Tür bat sie einen der wartenden Kollegen, auf Posten zu bleiben und mit dem Revier eine permanente Überwachung zu vereinbaren. Sie war froh, die letzte Abendmaschine nach Palma zu erreichen.

Noch vor ihrer Ankunft telefonierte sie mit dem Staatsanwalt, um einen Haftbefehl gegen Pancho Colom zu veranlassen. Sie

versprach, gleich nach ihrer Ankunft alle erforderlichen
Unterlagen für diesen Schritt vorzulegen.

15. Kapitel

Viele Anrufe aus Ibiza erreichten auch am folgenden Tag die Soko im Polizeipräsidium. Die hart geprüften Mitarbeiter des Teams hatten inzwischen drei Kategorien von eingehenden Telefonaten eingeführt, von leicht über schwer bis bescheuert.

Den Fall eines Modefotografen aus Pollença legten sie zunächst unter der letzten Kategorie ab. In seinem Atelier sei eingebrochen und das gesamte Material einer Trauerfeier gestohlen worden.

Die völlig überlasteten Telefonisten hatten den Vorfall in den kommenden Tagen einem Dienstanwärter zur weiteren Bearbeitung übergeben wollen. Der aufgebrachte Fotograf jedoch meldete sich erneut und erklärte, es müsse sich um ein Missverständnis handeln. Erstens liege sein teures Atelier völlig in Trümmern. Zweitens stammten die fehlenden Fotos von einer Trauerfeier. Drittens handelte es sich um die Beisetzung der weltbekannten Fürstin Carmen de la Ibaruri aus Formentera, die eigentlich aus Venezuela stammte und als reichste Adlige vom damaligen Kommunisten Chavez samt ihrer riesigen Latifundien enteignet worden war.

Die Söhne der Fürstin hatten darauf bestanden, ein ihrem gesellschaftlichen Stand entsprechendes Requiem in Pollença's altehrwürdiger Kirche Santa Maria dels Angels abzuhalten. Die strikte Begrenzung auf 50 Trauergäste wäre offiziell nicht genehmigungsfähig gewesen. Zum Glück hielt sich niemand dafür zuständig. Ebenso wenig für den Leichenschmaus im offiziell geschlossenen Restaurant „Trencadora" in Pollença.

Irgendwann im Laufe des Tages hatten sich die Dinge um den merkwürdigen Atelier-Einbruch derartig aufgeschaukelt, dass sie doch auf dem Tisch der Soko-Chefin Isabel Cifre Cerda landeten. Die machte sich ihre eigenen Gedanken.

Das Undenkbare war seit dem Sprengstoffattentat von Pollença für sie längst denkbar geworden. Gab es vielleicht ein Komplott zwischen dem Hochadel von Tagomago, dem enteigneten Fürstenhaus aus Venezuela und dem russischen Oligarchen Breschniakow? Hatte das Phantom bei alldem seine Hand im Spiel und war gegen seinen Willen bei den Fotos der Trauerfeier unfreiwillig ins Bild gekommen? Hingen somit die Trauerfeier der Ibaruri, der Sprengstoffanschlag auf Katzer und der Überfall auf das Fotoatelier zusammen, weil mit dem Phantom auch der Geheimdienst die Hand im Spiel hatte?

Das Centro Nacional de Inteligencia, kurz CNI, unterstand dem Kriegsministerium. Tatsächlich war es niemandem verantwortlich, allenfalls dem lieben Gott, wobei Isabel nach vielen Dienstjahren auch das anzweifelte.

Bei der Terrorismusbekämpfung hatte der CNI besser mit den Extremisten des Islamischen Staates als mit der Polizei zusammengearbeitet. Als die Dschihadisten auf der Rambla in Barcelona im Jahr 2017 mit einem Bombenanschlag 15 Menschen töteten, kam heraus, dass der CNI seine Spitzel unter den Extremisten hatte, aber lieber eine Version für glaubwürdig verkaufte, ein explodierender Gasherd habe ein Drogenlabor zerstört.

Um die aus dem Ruder gelaufene Kooperation mit dem radikalen Imam Abdelbaki Es Satty zu vertuschen, vernichtete der CNI die belastende Computer-Datei. Es Satty sprengte sich später bei einem weiteren Bombenbau mit TATP versehentlich selbst in die Luft. Er hatte auch wegen Drogenhandels ein paar Jahre im Gefängnis gesessen.

Isabel traute den Schlapphüten jede Gemeinheit zu. Die Vorgänger-Organisationen der CNI hatten bereits mit den Nazis kooperiert. Jemanden wie das Phantom in ihr Boot zu holen, war eigentlich naheliegend. Je länger sie darüber nachdachte, desto sicherer war sie. Alberto Batracio war ein Mann der CNI! Einem Mann ohne Geburtsurkunde und eigene Identität gehörte die Zukunft in dieser Behörde.

Die Hauptkommissarin wusste, wo ihre Grenzen waren. Sie konnte nicht gegen die CNI ermitteln. Sie konnte nicht einmal so tun, als ob sie es täte. Aber sie konnte ihren Chef Caplonch um ein Gespräch bitten.

„Nutzen Sie Ihren ganz privaten Draht zum CNI."

„Was wollen Sie von den Geheimen?"

„Sie haben in der Behörde beim Kriegsministerium einen Mann, der Ihnen was schuldig ist. Er soll uns sagen, wie weit wir bei der Jagd auf Alberto Batracio freie Hand haben oder wann wir deren Interessen verletzen."

„Seit wann nehmen Sie Rücksicht auf die Interessen anderer? Aber gut, ich werde mein Möglichstes versuchen. Und sonst - wie kommen wir voran?"

„Je näher wir dem Ziel kommen, desto ferner scheint es zu rücken. Al Batracio gleicht einer Fata Morgana."

Caplonch nickte verdrossen. Solche Zwickmühlensituationen waren ihm vertraut. Zwei Tage später meldete er sich zurück.

„Ich habe nachgefragt und bei CNI die vielsagende Antwort bekommen, wir sollen eine Fata Morgana nicht mit einer Oase verwechseln. Mit anderen Worten, Al Batracio ist zu wertvoll, um für Kleinigkeiten geopfert zu werden."

„Diese Schurken fühlen sich wohl in ihrer Rolle, unangreifbar zu sein."

„Leider ja. Wir sollen bitte zur Kenntnis nehmen, dass es Batracio selbst war, der seinen Bodyguard Paolo Vermont mit einem Gewehr ausgestattet hat, mit dem in El Terreno geschossen wurde."

„Mit dieser Waffe wurde eine Kollegin gefährlich verletzt. Die CNI hat in Kauf genommen, dass sie ermordet wurde. Und das nur, um die Identität von Batracio zu schützen, der in El Terreno vermutlich eine Unterkunft hatte. Chef, unsere Soko kämpft gegen Windmühlen."

„Wer meinen Job übernehmen will, muss bereit sein, gegen Windmühlen zu kämpfen."

Isabel verließ wortlos das Amtszimmer. Sie beschloß, die letzten Worte von Caplonch nicht als Resignation, sondern als Lob zu werten.

16. Kapitel

Die Hauptkommissarin griff noch einmal zur Liste der kriminaltechnischen Spurensicherung, die nach dem Sprengstoffanschlag vom Trümmerfeld angelegt worden war. Dabei fiel ihr auf, dass ein Tape sichergestellt worden war. Das Band enthielt keinen Text von Katzer, nur Musik.

Klar doch, Musik – was hatte sie erwartet? „Leaving" des Jazztrompeters Chet Baker, ein Album von 1980. Sie griff in die Sammlung von Vinylplatten, die sie beim letzten Besuch im leeren Haus von Katzer mitgenommen hatte. Die Vorstellung, sein letzter Gedanke habe Chet Baker gegolten, hatte fast symbolischen Charakter. Baker war beim Sturz aus dem Fenster seines Amsterdamer Hotels 1988 tödlich verunglückt.

Zwei Todesfälle in einem genialen Stück Musik vereint. Sie hörte es immer wieder. Etwas Bleibendes, das der Vergänglichkeit trotzte.

Isabel kehrte zurück zur Gegenwart, wie es ihr Job verlangte. Das Atelier des Starfotografen von Pollença war verwüstet worden. Nachdem er eine Trauerfeier der verstorbenen Adligen Dolores Carmencita de la Ibaruri betreut hatte.

Isabel machte sich die Mühe, das Atelier selbst zu besichtigen. Die Zugangstür war mit einer Brechstange aufgehebelt worden, Fotomaterial lag verstreut im Raum herum. Auch ein sehr ansprechendes Porträt der Ibaruri aus jüngeren Jahren sowie Innenaufnahmen ihres Traumhauses in Formentera.

Die Hauptkommissarin hatte sich eine Gästeliste von der Trauerfeier geben lassen. Alberto Batracio stand nicht auf der Liste. Sie hatte das auch nicht erwartet.

Die verblichene Adlige war die extravaganteste Persönlichkeit von Formentera. Der Hocharistokratie zugehörig, verkörperte sie die strahlende Existenz großer Hollywoodstars. Sie hatte Traumhäuser in Caracas, Miami, Paris und New York. Beenden wollte sie ihre glamouröse Existenz in der Quinta Carmencita, einem paradiesischen Stück Formentera. Sie war schön, sie war rebellisch und glücklich.

Sie schrieb Gedichte und liebte Musik. Für eine Theaterpremiere reiste sie bis ans Ende der Welt – bis auch die letzte Bühne schließen musste.

Ihr Landgut in Formentera war groß genug, ein Zusammentreffen mit Menschen der übrigen Insel zu meiden. Eine Zwischenwelt der Hocharistokratie. Die Schönen und Reichen pflegten ihren Hochmut und lebten unter sich. Mit einem Leberfleck über den Lippen und herausfordernden Augen trotzte Carmencita allem Gewöhnlichen.

Das Gewöhnliche, diese langweilige und immer gleiche Pandemie. Carmencita zeigte Flagge und ließ ihr Zimmer mit einer marokkanischen Stofftapete schmücken, hergestellt in einer traditionellen Handweberei, von der es nur noch zwei in Marokko gab. Der Quadratmeter zu 1.000 Euro. Diese Details erhielt Isabel von dem Fotografen, der seinen Stolz nicht verhehlen konnte, zu so exklusiven Räumlichkeiten Zutritt zu haben.

Carmencita bestand bis zum Schluss darauf, während ihrer Partys die Kleider dreimal zu wechseln. Das war nur beim allerletzten Akt, dem Requiem in Pollenças altehrwürdiger Kirche Santa Maria des Angels, nicht mehr möglich.

Ihre Söhne hatten auf 50 handverlesenen Ehrengästen bestanden. Ebenso bei der anschließenden Trauerfeier im Restaurant „Trencadora", das eigentlich wie alle Restaurants geschlossen hatte. Niemand schritt ein. Nur der Fotograf bekam Ärger, als er seine Bilder schoss. Ein anwesender Journalist verbat sich mit Hinweis auf seine Persönlichkeitsrechte, abgelichtet zu werden.

Isabel gelang es nicht, den Namen des fotoscheuen Journalisten zu ermitteln. Weder der angesehene Hoflichtbildner noch die Familie der Toten wussten angeblich, um wen es sich handelte.

Isabel glaubte es zu wissen. Ein Gentleman der gehobenen Schicht, mit langen lockigen Haaren, der Herrscher der Pityusen.

Sie sprach mit niemandem darüber. Es wäre Zeitverschwendung gewesen. Die Oberschicht der Society feierte sich gerade selbst mit bewegenden Nachrufen auf die Ibaruri in den großen Gesellschaftsmagazinen. Al Batracio gelang es, diese Hornhaut der Gefühle als blinder Passagier für sich zu nutzen.

Die Hauptkommissarin sah ihre Chance, die Schlinge um den Verwandlungskünstler zuzuziehen. Die Zeitungsberichte um das Mädchen Aina hatten zwei weitere Familien ins Spiel gebracht, die Katzer in seiner Generalabrechnung mit Batracio erwähnt hatte. Die Eltern zweier minderjähriger Mädchen aus Mallorca meldeten sich, deren Töchter Sofia und Daria auf Batracios Großmannssucht hereingefallen waren. In beiden Fällen war keine Anzeige erstattet worden, wohl weil die Mädchen das Abenteuer selbst gesucht hatten.

Die Chefin der Sonderkommission ließ sich Bilder von Sofia und Daria geben. Nach den Personenbeschreibungen beider Mädchen gab es keinen Zweifel, mit wem man es bei dem Verführer zu tun hatte. Sie kannten natürlich das Fahndungsfoto.

Darias Schilderungen ließen Isabel jedoch besonders aufhorchen. Offensichtlich handelte es sich bei ihr um die junge Dame, die Batracio mehrfach in Palmas Hotel „Sant Francesc" begleitet hatte. Die Soko schickte dem Hotelmanager per Handy ein Foto Darias. Er bestätigte die Aussage der unternehmungslustigen Begleiterin.

Die dreizehnjährige Sofia stand ihrer um ein Jahr älteren Geschlechtsgenossin Daria um nichts nach und schaffte es trotz ihres Alters mehrfach, sich Zutritt zu Palmas Discotheken zu verschaffen. In „Titos Club" war sie nach eigenen Angaben als Tochter Al Batracios gekommen.

Isabel fragte sich, ob sie es da mit Angeberei oder Tatsachen zu tun hatte. Sie legte das Foto des Kindes der Bardame Ninotschka vor, die sich aber nicht genau erinnern konnte. Sofia untermauerte ihre Behauptung, mit Batracio im „Tito" gewesen zu sein. „Er hat mich einem reichen Russen vorgestellt, der so tat, als ob der Club ihm gehörte. Batracio nannte den Russen einen guten Freund."

Isabel fragte sich inzwischen, welcher Geschichte ihr Freund Katzer wirklich auf der Spur gewesen sein könnte. Er hätte kaum wegen der Verführung von Minderjährigen sein Leben riskiert. Es musste mehr dahinter stecken als eine banale Gefängnisstrafe, die Batracio riskiert hätte, wäre es aufgrund der bisherigen Aussagen zu einem Prozess gekommen.

Katzer war mit seinen Recherchen offensichtlich noch nicht am Ende des Skandals angelangt.

17. Kapitel

Die Mandeln blühten mit Corona um die Wette. Das war das einzige. Nichts fand mehr statt. Natürlich fiel auch der Karneval auf den Balearen aus. Die Pandemie verlangte Friedhofsruhe.

Nur Laufen war nicht verboten. Laufen tat gut, besonders auf Friedhöfen.

Isabel beschloß, ihre genesende Kollegin Verena Montes zu einer kleinen Runde einzuladen. Sie selbst wohnte in Bon Aires in der Comte de Salent. Mit Blick aus dem vierten Stock einer Wohnstraße, die zu Beginn des 20. Jahrhunderts entstanden war.

Bis zum lauschigen Parc de Ses Fonts mit Bäumen, Wasser und einer Steinskulptur wäre es für niemand zu weit. Selbst für Öhrchen nicht, die gemächlich hinterher zockeln konnte.

Isabel brauchte jemanden zum Reden. Und zwar dringend. Sie musste das Gefühl loswerden, allein auf der Welt zu sein. Schuld war dieser Alberto Batracio. Alle Mienen versteinerten, wenn das Gespräch auf ihn kam. Die Hauptkommissarin hatte vor Wut über das vornehme Getue der Adelssippschaft die Söhne der Ibaruri zu sich ins Präsidium bestellt. Die taten beleidigt.

Über so was Unanständiges wie Beziehungen zu Al Batracio sprach man nicht. War's das? Können wir jetzt gehen?

Isabel war nicht bereit, den Deckel über dieser heiklen Sache zu schließen. Sie hatte Caplonch noch einmal gebeten, bei seinem Vertrauensmann in der CNI um ein persönliches Gespräch für sich selbst zu ersuchen. Ganz inoffiziell - „inoffiziell kann ich gut", wie ihr Freund Katzer zu sagen pflegte.

Sie hatte sich gut für ihr Treffen mit dem Plattfuß vorbereitet. Sie kannte die Nachkriegsgeschichte Venezuelas auswendig, wo der Clan der Ibaruri riesige Güter verloren hatte und jetzt der

Möchtegernsozialist Maduro mit seiner korrupten Militärkaste die Macht ausübte. Das Land war international geächtet. Es besaß reiche Ölvorkommen, die aber wegen des strikten Einfuhrverbots in der westlichen Welt unverkäuflich waren.

Maduro hatte jedoch einen Weg gefunden, mit einem komplizierten Geflecht internationaler Beteiligungen sein Öl dennoch zu verkaufen. Die Vereinigten Arabischen Emirate, Mexiko und Russland waren daran beteiligt, wie ein übernationales Pressekonsortium herausgefunden hatte. Das konnte auch dem Freelancer Katzer nicht verborgen geblieben sein.

Dieses Schwarzmarktöl war eine Droge. Nur dass die Mafia, die damit handelte, mehr verdiente als mit allen Drogen der Welt.

Auch Spanien profitierte von diesem Geschäft mit seinem ehemaligen Kolonialgebiet, wie Isabel von ihrem Gesprächspartner aus dem Geheimdienst CNI bestätigt wurde. Al Batracio war als Mittelsmann zwischen dem russischen Oligarchen Breschniakow und der venezolanischen Adelsclique der Ibaruri offenbar unverzichtbar. Geld findet immer zum Geld.

„Jetzt, wo Sie alles wissen, werden Sie hoffentlich darauf verzichten, diesem Mann nachzustellen", schloss ihr Plattfuß vom CNI das Gespräch.

„Im Gegenteil", erwiderte die Hauptkommissarin. „Es wird der größte Spaß meiner Karriere sein, ihm die Handschellen anzulegen."

Ihr Schlachtplan war schon geschmiedet. Die Kommissarin war froh, als ihre junge Kollegin klingelte. Sie eilte auf den Balkon, um ihr auf die Straße runter zu rufen.

„Bin gleich bei Dir. Warte unten auf mich. Die vier Treppen kannst Du Dir sparen."

Öhrchen wedelte mit dem Schwanz. Auslauf und Entdeckung warteten, als sie Frauchen zur Haustür begleiten durfte. Sie rannten gemeinsam die Stufen hinunter. Die Hündin gab das Tempo vor, bis sie unten die Subinspectora trafen. Dort erst mal gemeinsame Vorstellung. Das Rudel ordnete sich zwanglos. Öhrchen ging in die Mitte.

„Erst mal die Straße runter, " gab Isabel den Kurs an. „Ist das Dein erster Versuch?"

„Wo denkst Du hin. Seit ich die Beine wieder bewegen kann, laufe ich täglich. Immer mit Pulsuhr und nie schneller als Puls 140."

„Richtig so. Nie übertreiben."

„Anfangs hatte ich das Gefühl, ich stehe nur rum. Ich nahm zwei Laufstöcke mit, um Bewegung vorzutäuschen."

„Lass uns ein feines Schneckenrennen machen. Öhrchen ist auch Rekonvaleszentin."

„Ich war mal auf 5.000 Meter die Schnellste, als ich mich bei der Polizei beworben habe. Weil ich auch gut im Schießen war, haben mir alle eine große Karriere vorausgesagt."

„Du bist beim Einsatz schon mal dem Tod von der Schippe gesprungen. Das kann nicht jede von sich sagen."

„Standest Du schon mal vor der Frage, Du oder der andere?"

Pause.

„Beim finalen Rettungsschuss bleibt null Zeit zum Überlegen. Ich weiß, wovon ich spreche. Ich hoffe, das nie mehr zu erleben."

Isabels Antwort kam wie von einer fernen Galaxie.

Verena war schweigsam geworden.

Isabel schlug vor, die nächste Straße links abzubiegen. „Lass uns zum Parc de Ses Fonts laufen. Ein hübsches Ziel. Für das

Stückchen „Korea", das wir durchqueren müssen, haben wir ja den Rottweiler dabei."

Korea hieß bei den Einheimischen das benachbarte Camp Redo, ein heruntergekommener Arbeiterbezirk im Kriegszustand. Gesetzlosigkeit, Hausbesetzungen, Drogenschmuggel und Waffenbesitz prägten das Bild. Isabel spottete: „Als Hundestaffel der Policia Nacional sind wir hier immer willkommen."

Sie kamen an einer Pommesbude vorbei, umlagert von coolen Tattoos. Öhrchen witterte Fressen und war nicht willkommen. "Haut bloß ab mit eurer Töle, ihr Fotzen!" war die netteste Begrüßung, als das Damentrio eintraf.

Isabel konnte nicht widerstehen. Sie fixierte die mieseste Fresse, drängte dicht ran und lachte laut.

„Einmal Pommes mit Majo für alle!"

Der Typ wollte ihre Brüste greifen, die unter dem Laufshirt spannten, und bekam ihren Becher mit Pommes und Majo voll ins Gesicht. Sein Pech. Er hatte die Hände am falschen Platz. Er brüllte und wollte blind nach ihr greifen. Noch mehr Pech. Er griff nach einer Schwarzgurt-Trägerin und landete ihr zu Füßen, während sich Öhrchen sabbernd über die Pommes hermachte, die dem Typ aus dem Gesicht tropften.

„Komm hoch, eh unsere Töle dich frisst", spottete die Kommissarin und rannte davon, während sich alle die Bäuche hielten.

"Wir können das Tempo wieder drosseln. Wir haben die Lacher auf unserer Seite."

Sie zockelten zum Parc de Ses Fonts und wurden mit einem rührenden Anblick belohnt. Auf einem Kinderspielplatz stand ein alter Mann, der seinen alten Hund auf einen Sitz gehoben hatte, welcher sich um einen Pfahl drehte. Ein Seil, das den Pfahl bewegte, wickelte sich um eine Rolle auf und über eine zweite Rolle wieder zurück. So hielt der Opa seinen Vierbeiner in Bewegung, ohne dass einer sich anstrengen musste. Beide waren glücklich.

Das Damentrio lief weiter bis zu einer wilden Statue aus Stein, von einem modernen Künstler gefertigt.

„Ich glaube, für die hat das Phantom Modell gestanden", sagte die Kommissarin. „Du fragst Dich, was sie darstellen soll. Sie gibt immer neue Rätsel auf."

„Sie ist schön", sagte Verena.

„Erotisch wie ein Monster der Tiefsee oder ein Alien", sagte die Kommissarin. „Kein Wesen zum Kuscheln."

„Alles Leben endet tödlich", sagte die Subinspectora. „Aber zwischendurch ist es schön."

„In der Tat", sagte Isabel. „Das Naturschauspiel Ses Fonts Ufanes muss man gesehen haben." Sie liefen weiter.

„Nur eine kleine Biege noch."

Sie kamen zum Teich. Sein Wasser quoll direkt aus dem Grund, in dem es wieder verschwand. Öhrchen trank gierig.

„Genug für heute. Kehren wir um."

Sie liefen die gleiche Strecke zurück. Mit einem kleinen Umweg, um einen weiteren Korea-Krieg an der Pommes-Bude zu vermeiden.

Die Kommissarin begleitete Verena zu ihrem Auto.

„Du bist schon wieder gut in Form. Komm morgen früh in mein Büro. Es gibt viel zu besprechen."

18. Kapitel

Die Kommissarin erschien seit dem Pollença-Plot immer in Hundebegleitung im Präsidium. Öhrchen war inzwischen das Maskottchen der Sonderkommission geworden, jeder hatte sich daran gewöhnt. Die Hündin bekam im Polizeipräsidium ihr Trinkwasser und durfte dann immer mal am Koffer aus dem Hotel „Francesc" schnüffeln.

Isabel wartete ungeduldig auf die Subinspectora, die bald darauf eintraf.

„Wir haben jetzt zwei Halunken in U-Haft, aber der Drahtzieher ist immer noch frei. Der Kampfschwimmer ist ein harter Brocken, er wird schweigen wie ein Grab. Eher können wir Paolo Vermont bewegen, gegen seinen Chef auszusagen und uns seinen derzeitigen Schlupfwinkel zu verraten. Dann schnappt die Falle zu."

„Haben wir nicht schon alles versucht, ihn zum Singen zu bringen?"

„Das war gestern. Wir sind inzwischen ein ganzes Stück weiter. Er hat keine Wahl. Alle wissen, dass der Tipp auf Pancho Colom nur von Paolo Vermont kommen kann. Also nutzen wir ihn als Lockvogel und lassen ihn frei."

„Unmöglich. Wie soll das gehen?"

„Nicht unmöglich. Ihm bleibt keine Wahl als mit uns zu kooperieren. Also geht er zu seiner Mutter. Die wohnt im 6. Stock unter dem Dachgarten. Wir observieren ihn auf Schritt und Tritt. Im Dachgarten wartet ein Einsatzkommando. Kameras sind im Fahrstuhl und Hochhaus."

„In El Terreno kann man nicht mal vom parkenden Auto aus beobachten, ohne ein Verkehrsproblem zu verursachen. Alles viel zu eng."

„Im benachbarten Erdgeschoss ist eine Wohnung frei, die wir als Beobachtungsposten besetzen können. Das ist schon über den Makler gecheckt.“

„Also nichts wie ran. Überraschen wir Paolo mit der guten Nachricht, dass die Stunde der Freiheit für ihn geschlagen hat.“

Der Schlachtplan klang gut in den Ohren der jungen Kollegin. Die um viele Dienstjahre ältere Hauptkommissarin wusste aus Erfahrung, wo er überall schief laufen konnte. Sie hätte sich jedoch durch keinen Einwand bremsen lassen.

Paolo Vermont wurde in den Vernehmungsraum geholt. Das viele Nachdenken hatte ihn nicht optimistischer über seine Lage gemacht. Sein vergebliches Warten hatte ihm gezeigt, dass er keine Hilfe zu erwarten hatte.

Die zwei Polizistinnen sahen ihn gespannt an. Was zum Teufel wollten sie? Er hatte ihnen nichts Neues anzubieten. Die Ältere schaltete das Mikro demonstrativ aus.

„Señor Vermont, reden wir ohne Protokoll. Niemand wird Sie um Ihre derzeitige Lage beneiden. Die haben Sie allein sich selbst zuzuschreiben. Wir haben Ihnen versprochen, Sie auf freien Fuß zu setzen, wenn Sie uns sagen, wo wir Al Batracio finden. Leider sind Sie nicht auf unser Angebot eingegangen.“

„Sie kennen die Gründe. Mehr ist nicht zu sagen.“

„So weit, so gut. Wir haben uns entschlossen, Sie jetzt dennoch gehen zu lassen. Sie sind ein freier Mann. Also bitte schön.“

Die Kommissarin wies auf die Tür.

Vermont blickte erschrocken in ihre Gesichter.

„Das können Sie nicht machen! Das ist . . . zu spät. Jetzt, wo Pancho Colom verhaftet ist, bin ich kein freier Mann mehr. Ich bin tot!“

„Nicht, solange wir das verhindern können. Wir werden Sie beschützen, Paolo, auf Schritt und Tritt. Wir schirmen Sie ab, bis wir Batracio haben. Wir brauchen Sie, aber Sie müssen tun, was wir Ihnen sagen. Wenn Sie unbeobachtet in der Welt herumspringen, gibt es nicht genug Leute, um Sie abzusichern."

„Was muss ich tun?"

„Gehen Sie zu Ihrer Mutter nach El Terreno, verstehen Sie. Gehen Sie auf direktem Weg vom Präsidium nach El Terreno. Nehmen Sie Bus oder Taxi, wie Sie wollen, wir folgen Ihnen. Sie kriegen ein Mikro und bleiben in ständiger Sprechverbindung zu uns. Verlassen Sie das Haus nicht zu oft und wenn, sagen Sie uns, wo Sie hingehen. Wir brauchen Sie und Sie brauchen uns."

„Wird es eine Anklage gegen mich geben, wenn Sie Al Batracio kriegen?"

„Wenn Sie kooperieren, sind Sie ein freier Mensch. Sie beginnen ein neues Leben, müssen nur alte Kontakte und die Familie für immer meiden."

„Ich bin dann ein Aussätziger, oder was? Wenn ich als Lockvogel mitmachen soll, müssen Sie mir meine Waffe zurückgeben, damit ich mich verteidigen kann. Al Batracio kann alles, nur schießen kann er nicht."

„Ausgeschlossen. Zu Ihrem Schutz sind wir ja da."

„Wie beruhigend. Meine Mutter und meine Schwester können Sie nicht schützen, auch wenn Batracio in den Knast geht. Das kann nur einer, der seine Gang nahtlos übernimmt."

„Ha, Ha. Aber sonst haben Sie keine Wünsche?"

„Doch. Ein bisschen Kleingeld für ein Taxi."

„Nehmen Sie 20 Euro und hauen Sie ab."

„Eine Frage noch. Sie haben Pancho Colom festgesetzt. Der Kampfschwimmer ist Batracios bester Mann und sein Stellvertreter in der Bande. Er hat Ihren Rufus Katzer in den Himmel geschickt und sich bei einer Vergewaltigung filmen lassen. Wie viele Jahre wird er kriegen?"

„Das Attentat auf Katzer ist heimtückischer Mord und bringt lebenslänglich. Dafür brauchen wir Ihre eindeutige Aussage vor Gericht. Bei der Vergewaltigung ist Pancho Colom nackt, trägt aber eine Maske. Da hängt viel von der Aussage des Opfers ab. Das allein könnte ihm sieben bis zehn Jahre bringen.“

Paolo musste noch etwas loswerden. „Maske hin oder her. Pancho ist gezeichnet. Ihm fehlt die Spitze des kleinen Fingers. Das müsste dem Mädchen aufgefallen sein. Fragen Sie nach oder schauen Sie den Film noch mal an.“

Die Hauptkommissarin erinnerte sich an Panchos kaputten Finger. Viel mehr beschäftigte sie aber die Frage, ob der Halunke vor ihr allen Ernstes erwog, Batracios Bande zu übernehmen. Wie viele Leute gehörten überhaupt zu dieser Organisation? Wie straff war der Laden organisiert? Wenn Paolo vor fünf Jahren direkt von der kommunalen Polizei ins Netzwerk Batracios gelangt war, hatte er Zeit genug, die Truppe genau kennen zu lernen.

Wer sollte ihn hindern, den Haufen zu übernehmen, wenn die zwei fähigsten Köpfe der Gang im Gefängnis waren? Der Lockvogel kannte sich aus. Er war nicht bereit, sich einfach verfüttern zu lassen.

„Das hast Du nicht gesehen“, sagte Isabel ihrer Laufkameradin vom Vortag, als sie Paolo Vermont einen 20-Euro-Schein rüber schob. „Stell sicher, dass wir ihn nicht aus dem Auge verlieren.“

Als Vermont die Straße betrat, wusste er allzu gut, dass man ihm folgte. Er winkte nach einem Taxi, setzte sich neben den Fahrer und reichte ihm seine 20 Euro.

„Fahr mich dicht an „Titos Club“ und lass mich dort raus. Keine Rechnung. Aber ruf bitte diese Nummer an und frag, ob jemand zu Hause ist.“

Der Taxifahrer gab Gas, griff zum Handy und nickte kurz darauf. „Ich bringe einen Gast.“

Als Vermont ausgestiegen war, überlegte er, ob die Nachricht von seiner Entlassung schon bis zum Bandenchef vorgedrungen war. Er ging das kurze Stück zu Fuß weiter bis zu seiner Schwester. Sie erwartete ihn schon. „Du wurdest mir anonym angekündigt."

„Zum Glück muss man Dir nicht viel erklären, Ninotschka. Es drängt. Frag Deinen Papa, wann und wo ich ihn treffen kann. In unserer Truppe steht ein Führungswechsel bevor und ich werde die Leitung übernehmen. Derzeit werde ich noch polizeilich überwacht. Kompliziert, aber für einen Fachmann durchaus lösbar. Breschniakow kann gut damit leben."

„Geht klar. Halt die Füße still. Ich rede sofort mit Papa."

Ninotschka drückte auf ihr Handy. „Hallo Papa, Paolo braucht Dich für große Entscheidungen. Wann und wo könnt Ihr ungestört sprechen?"

Paolo kannte das Gesicht seiner kleinen Schwester und wusste sofort, dass die Welt ihm zu Füßen lag. Nach wenigen Sekunden wandte sie sich ihm wieder zu.

„Komm in einer halben Stunde in die alte Patriziervilla am Ende von El Terreno vor dem Park von Bellver, Du weißt schon, wo."

Paolo strahlte sein Küken an. „Wir halten zusammen, Prinzessin".

Auf dem Weg zu Breschniakow zwang er sich, selbstbewusster zu sein als an dem Tag, als er der Subinspectora der Policia gefolgt war und auf sie schoss. Er hatte die Seiten gewechselt und gehörte jetzt zu den Siegern. Batracio war nicht mehr die Nummer eins. Er wusste es nur noch nicht.

Er klingelte am schmiedeeisernen Tor der herrschaftlichen Villa. Aus dem Lautsprecher drang eine Stimme: "Warten Sie. Es kommt jemand öffnen."

Das eiserne Tor öffnete sich geräuschlos. Ein Leibwächter des Oligarchen bat ihn mit einer knappen Geste einzutreten und sich auf Waffen untersuchen zu lassen. Über einen Kiesweg folgte Paolo ihm in den Palazzo. Drei Doggen schlossen sich an.

Er wurde in einen Salon geführt. Der Leibwächter murmelte „un momento" und verschwand durch eine riesige Flügeltür, die den Raum teilte. Die Doggen ließen sich auf dem Teppich nieder. Als sich die Flügeltür in Jugendstilverglasung wieder öffnete, war der Salon doppelt so groß. Breschniakow stand mit einigem Abstand vor ihm und lächelte ihn an. Kristallleuchter tauchten ihn von allen Seiten in warmes Licht. Eine eindrucksvolle Inszenierung.

Paolo hatte eine Welt betreten, der er nie angehören würde. Vor einer Stunde hatte er seinen Raum in der U-Haft verlassen. Er blieb stehen wie angewurzelt. Breschniakow ging auf ihn zu, streckte die Hand aus und fragte: „Was kann ich für Dich tun?"

„Gib mir eine Waffe und ein Handy. Mehr brauche ich nicht. Dann lege ich Dir morgen die Macht auf Mallorca zu Füßen."

Er erzählte knapp, dass die Polizei mit seiner Hilfe Al Batracio stellen werde. Dessen Stellvertreter befinde sich bereits in Polizeigewahrsam.

„Niemand wird mich hindern, unsere Organisation künftig zu führen."

Breschniakow bat ihn, Platz zu nehmen. Als er von einer Vitrine zurückkam, hielt er eine Flasche „Cardenal Mendoza" in der Hand.

„Trinken wir einen Schluck. Wir bleiben eine Familie. Mein ständiger Begleiter kümmert sich um Deine Ausrüstung. Wenn Du sonst noch was brauchst, sag Bescheid."

Der Russe verschwand aus dem Salon. Mit ihm dimmte die Festbeleuchtung. Breschniakows Bodyguard steckte Paolo einen Revolver und ein Handy zu. Paolo genehmigte sich ein zweites Glas „Mendoza" und ging zum Ausgang, begleitet von seinem Türöffner und den drei Doggen.

Vor dem Tor des Palazzo schaute er sich in alle Richtungen um. Wenn ihm jemand gefolgt war, musste er die Gabe eines Schloßgeistes haben. Das Gelände zu Füßen des gotischen Bellver schien menschenleer. Wirf mich den Wölfen zum Fraß vor und ich komme als Anführer des Rudels zurück, dachte Paolo.

19. Kapitel

Paolo folgte dem Straßengewirr zurück zu seiner Schwester. Das Gewicht der neuen Waffe fühlte sich gut an. Er nahm sie mehrfach zur Hand und steckte sie wieder in den Gürtel. Die Sprechverbindung zur Polizei hatte er gleich nach Verlassen seiner U-Haft-Zelle ausgeschaltet. Er brauchte kein Kindermädchen.

Er kündigte seine Rückkehr zur Schwester per Handy an. „Ich bin wieder mein eigener Herr. Bis gleich.“

An Ninotschkas Wohnungstür meldete er sich mit ihrem vertrauten Klingelzeichen – zweimal lang, einmal kurz. Er strahlte sie an. „Alles erledigt.“

„Übertreib nicht. Für zwei Leitrüden ist das Revier zu klein.“

„Richtig. Aber ich bin der Köder für Al Batracio. Wenn der sitzt, habe ich freie Hand.“

Ninotschka schaute ihn ungläubig an. „Das wird eine lange und harte Jagd.“

„Kommt drauf an. Breschniakow steht jetzt auf unserer Seite. Hat er nicht auch ein Gemeinschafts-Konto unter Deinem Namen?“

„Wir haben ein Vereinskonto, aber ich rühr das nicht an. Al Batracio packt manchmal Schwarzgeld drauf, das machen die Kerle unter sich aus. Männergeschäfte, verstehst Du?“

„Neue Geschäfte, neue Männer. Batracio können wir ab sofort aus unserem Leben streichen. Wann war er das letzte Mal an Deinem Konto?“

„Ich glaube heute, als Du bei meinem Vater warst.“

„Der verfluchte Hund will abhauen. Um wie viel Geld geht es?“

„Um eine halbe Million.“

„Sofort stoppen. Nein, ruf die Bank an und sag, dass Du alles abholst.“

„Die machen erst morgen um 8:15 Uhr wieder auf.“

„Unsinn. Solche Beträge sind Chefsache und müssen vorbereitet werden. Schick Deinen Papa vor und frag, wann und wo Du das Geld holen kannst. Zu unserem Glück erfolgt gerade die größte Bankenfusion aller Zeiten. Die Banka und die Caixa tun sich zusammen und sind jetzt die Nummer Eins in Spanien. Da geht sowieso alles drunter und drüber.“

„Kommt wie gerufen! Ich sprech gleich mit Daddy.“

Während Ninotschka mit ihrem Vater sprach, rief Paolo die Soko der Polizeizentrale an, um sie in höchste Alarmbereitschaft zu versetzen.

„Stichwort Batracio. Der Kerl taucht bald in der neuen Gemeinschafts-Zentrale der Banka/Caixa auf, um eine halbe Million abzuheben. Nur falls es wen interessiert.“

„Bleiben Sie einen Moment in der Leitung, bis wir Ihr neues Handy geortet haben.“

„Machen Sie schnell. Meine Schwester und ich sind gleich unterwegs zur Carrer Cardenal Rossel, um vor ihm zu kassieren.“

„Alles klar. Wir sind unterwegs.“

Ninotschka wandte sich an ihren Bruder.

„Daddy sagt, wir sollen in einer Stunde in der Cardenal Rossel sein. Ein Eckhaus in der Gartenstadt. Der Bankdirektor erwartet uns.“ Nicht umsonst hatten etliche Konsulate aber auch Einkaufszentren wie das Carrefour und der Mediamarkt hier ihr Revier. Dass die idyllische Gartenstadt mit ihren gepflegten Straßen und beschaulichen Grünflächen vorübergehend ihre Ruhe verloren hatte, war weder die Schuld der Polizei noch der Bankenhochzeit. Bagger und Baumaschinen wühlten seit

Wochen im Erdreich, um neue Rohre zu verlegen. Die Cardenal Rossel glich einem Abenteuerspielplatz.

Den Einsatzkräften der Soko und der Sonderstaffel in ihren schusssicheren Westen war es Recht. Sie konnten sich unauffällig unter die Arbeiter in ihren gelben und roten Warnwesten mischen und so tun, als ob sie dazugehörten.

Isabel schluckte ihren Ärger über Paolos Dreistigkeit hinunter. Ihrem „Lockvogel" war es gelungen, seine Bewacher über Nacht im Unklaren über seinen Verbleib zu lassen. Nun hatte die Polizei ihn wieder im Fadenkreuz und sein Schatten Batracio war vermutlich nicht weit entfernt.

Isabel zog die kugelsichere Weste auf ihre Jeans runter und schärfte dem jungen Comisario Sergio Faber ein, immer dicht bei Verena Montes zu bleiben. „Du bist mir dafür verantwortlich, dass sie keine neue Kugel einfängt."

Sie überlegte, ob sie Öhrchen mitnehmen konnte oder lieber im Büro lassen sollte. Blöde Frage. Natürlich gehörte das Maskottchen der Soko Pollença dazu. Das Tier sollte brav neben ihr im Auto sitzen und ihre Nerven beruhigen. Das Tier hatte aber längst ihre Nervosität gewittert und war auf der Hut.

Paolo als Ex-Polizist war klar, was für ein Wespennest die Gartenstadt augenblicklich war. Er hatte das Auto Ninotschkas so dicht wie möglich an der Bank geparkt, kam aber nicht nahe genug, um seiner Schwester notfalls sofort Feuerschutz geben zu können. Also legte er seinen Arm um sie und begleitete sie in das Gebäude. Seine linke Hand lag auf dem entsicherten Revolver in seiner Tasche.

Ninotschka suchte den Direktor abseits des Hauptschalters und machte ihm ein Zeichen. Der Chef strahlte mit Anzug und Krawatte vertrauenerweckende Autorität aus und nickte ihr zu. Während Ninotschka sich auswies, beobachtete Paolo scharf die Anwesenden. Niemand fiel ihm auf.

Der Direktor erklärte Ninotschka, das Geld sei bereits abgezählt und in einer Tasche verstaut, die sie behalten dürfe. Da von ihrer Seite keine speziellen Wüsche gekommen seien, habe man Hundert- und Zweihundert-Euro-Noten gewählt. Ob sie das Geld noch einmal nachzählen wolle?

Sie schüttelte den Kopf. Die Tasche wog so schwer wie eine halbe Million. Sie presste sie an sich und ging zum Ausgang. Ein junges Paar reagierte und folgte ihr schnell. Paolo hatte den Mann noch nie gesehen, zog seine Waffe und schoss. Sergio Faber fiel in den Kopf getroffen am Eingang nieder. Verena Montes schrie und kniete neben ihm nieder.

Paolo stürzte mit seiner Schwester ins Freie und sah Batracio aus einem geparkten Wagen auf sie zuspringen. Ehe er auf ihn anlegen konnte, brach die Hölle los. Von allen Seiten stürzten als Bauarbeiter verkleidete Polizisten auf sie zu. Echte Bauarbeiter suchten Deckung. Das Durcheinander war komplett. Isabel schrie „Nicht schießen!" und rannte mit gezogener Pistole hinter Batracio her. Der gewann schnell Vorsprung, weil er andere Männer mit seiner gezogenen Waffe als Deckung für sich nutzte.

Isabel gab per Sprechfunk die Order, alle Menschen in der Bank am Verlassen des Gebäudes zu hindern und keinesfalls von der Schusswaffe Gebrauch zu machen. Sie hatte das Bankeninnere für sicher gehalten und dort für alle Fälle Verena und Sergio Faber hin befohlen. Im gleichen Moment wurde sie von Öhrchen überholt, die es nicht länger im Auto gehalten hatte. Das Tier kannte nur ein Ziel, den schnellen Läufer vor ihr zu stellen.

Öhrchen ließ sich auch von der Ambulanz nicht stoppen, die sich ihren Weg durch die verstopften Straßen bahnte. Das Schussopfer im Bankgebäude hatte höchste Priorität. Als die Rettungskräfte Sergio Faber auf eine Bahre hoben, hatte er keinen Puls mehr.

Sie brachten ihn mit Sirenengeheul zum nächsten Krankenhaus. Vielleicht ließ sich noch was machen, wenn sie schnell genug waren und ihre Wiederbelebungsversuche fortsetzten.

Paolo nutzte die Chance, mit seiner Schwester im Windschatten der Ambulanz von der Bildfläche zu verschwinden. Er folgte dem Blaulicht bis zur Autobahn, um dann zum Flughafen abzubiegen. Er gab eine Geheimnummer der Airportzentrale ins Handy, die er aus seiner Polizeivergangenheit kannte. „Wann geht der nächste Flug zum Festland?"

„In 20 Minuten nach Barcelona."

„Bitte dringend zwei Plätze für uns freihalten. Wir sind gleich da."

Beim Abflugservice gab er die Nummer der Zentralstelle an und wurde wie seine Halbschwester unkontrolliert zur startbereiten Maschine gebracht.

Währenddessen war Öhrchen weder durch Trillerpfeife noch Zurufe an der Verfolgung Batracios zu hindern. Der hatte den nahenden Hubschrauber gehört und sprang in den offenen Porsche eines Paares, das gerade einsteigen wollte. Er gab Vollgas.

Isabel war wieder Herr der Lage. Sie dankte dem Himmel und ihrem Chef Caplonch für den Einsatzbefehl des Hubschraubers, der vom nahen Flugplatz gekommen war. Batracio würde nicht lange versuchen, der Verfolgung aus der Luft zu entkommen. Sie befahl allen verfügbaren Kräften, schnellstmöglich die Einkaufszentren Carrefour und Mediamarkt zu sperren. Sie selbst folgte ihrem Instinkt und rannte zum Carrefour in der Cardenal Rossel.

Auf einem Behindertenparkplatz direkt vor einem Eingang stand gut sichtbar der verlassene Porsche. Volltreffer! Im nächsten Moment wurde Feueralarm ausgelöst. Besucher mit und ohne Schutzmaske drängten ins Freie. Isabel stürmte ins Innere der riesigen Hallen, geführt von Öhrchen, die froh war, dass Frauchen ihr wieder folgte.

Das entnervende Sirenengeheul trieb nicht alle Besucher gleichmäßig schnell zum Ausgang. Einige Kunden nutzten die Chance, sich bei den Spirituosen kostenlos zu bedienen. Das Bedürfnis nach Saufen und Rauchen war mit jedem Toten der Pandemie gestiegen.

Die Kommissarin sah darüber hinweg. Sie beschloß, an einer günstigen Stelle abzuwarten, bis das Haus sich leerte. Öhrchen hielt ebenfalls inne, um Witterung aufzunehmen.

Der Hund lief langsam weiter, die Nase dicht am Boden. Fast gleichzeitig machten er und Isabel Al Batracio aus, der so tat, als ob der Alarm ihn nichts anging.

Der Rottweiler stieß einen Urschrei aus, ähnlich wie bei der Explosion, die Katzer ins Jenseits befördert hatte. Pfeilschnell schoss er zum Standort des Feindes. Batracio gab einen Schuss ab. Er verfehlte sein Ziel. Isabel schien es, als ob der Schuss gleichzeitig den nervigen Sirenenalarm zum Schweigen brachte.

Noch ehe das Schweigen endete, schoss Isabel zurück. Kein Warnruf, kein Zögern. Batracio fiel zu Boden. Der Hund blieb zähnefletschend vor ihm stehen. Der Mann rührte sich nicht mehr. Isabel kniete nieder, nahm die am Boden liegende Waffe und stellte seinen Tod fest. „Einsatz beendet", gab sie in ihr Sprechgerät durch. Sie fühlte sich vollkommen leer. Die Alarmsirenen blieben stumm.

20. Kapitel

Isabel kehrte zur abgeriegelten Bank zurück. Es war Samstag, der Sammeltag für Gläser und Flaschen. Eimer und Tüten quollen über von Bierpullen, Wein-, Schnaps- und Likörbehältern. Die Corona Statistik hielt Wort.

Ihre Kollegin Verena hatte zusammen mit den Sanitätern das Gebäude verlassen, als sie den toten Sergio Faber auf einer Bahre hinausgetragen hatten. Sie stand jetzt bewegungslos im Menschengewimmel und schien erstarrt.

Isabel legte ihren Arm um die junge Frau. Sie drückte ihren Kopf an den Körper. „Du darfst jetzt weinen."

Verena wurde vom Schluchzen geschüttelt. Die Hauptkommissarin hatte Mühe mit ihrer Stimme. „Ich hatte Dich und Sergio ins Innere der Bank geschickt, weil ich das für den sichersten Ort des ganzen Einsatzes hielt. Es war mein Fehler. Du hast nichts falsch gemacht. Dich trifft keine Schuld an seinem Tod."

„Er wollte mich nur beschützen".

„Hat er doch. Er wird immer bei Dir sein, wenn Du ihn brauchst. Das Kommen und Gehen ist endlos. Schau mal nach oben: die ersten Mauersegler sind zurück!"

„Ein Kommen und Gehen. Nur das Böse bleibt. Was ist mit Batracio?"

„Tot."

„Du?"

„Reden wir ein andermal. Ich muss noch den Bankdirektor sprechen. Lass Dich jetzt bitte von einem Funkwagen heimbringen."

Als Verena eingestiegen war, ging Isabel nach innen, trat vor den Bankdirektor und zog ihre Polizeimarke. „Hauptkommissarin Cifre Cerda, ich leite den Einsatz."

„Mein Name ist José Gregorio. Was kann ich für Sie tun?"

„Wo können wir ungestört reden?"

„Bitte folgen Sie mir."

Er trat aus der gläsernen Chefkabine auf eine gesicherte Tür zu und tippte den Sicherheitscode. Sie betraten ein Arbeitszimmer, von dem aus über weitere Sicherheitsmechanismen der Tresorraum zu erreichen war. Der Direktor wies auf einen Ledersessel vor seinem Schreibtisch: „Bitte nehmen Sie Platz."

Die Hauptkommissarin fasste sich kurz. „Der Schuss in Ihrem Institut war unverzeihlich. Dazu kommen wir später. Die jetzt wichtigste Frage: Sind die von Ihnen ausgehändigten Banknoten registriert?"

„Natürlich. Das ist bei solchen Beträgen eine Selbstverständlichkeit. Das Gemeinschaftskonto von Herrn Breschniakow mit seiner Tochter ist mit weiteren Konditionen verknüpft, die ich nur nach Rücksprache mit den Besitzern offenbaren kann."

„Nicht nötig. Wenn Sie nur bei Auftauchen von registrierten Banknoten die Policia Nacional verständigen würden."

„Aber die Noten sind von den Eigentümern legal in Empfang genommen worden . . ."

„Und der tödliche Schuss auf einen Polizeibeamten ist vom polizeibekannten Halbbruder der Empfangsberechtigten abgegeben worden. Machen Sie bitte keine Staatsaffäre aus einer Lappalie, wenn schnelles Handeln gefragt ist. Sie werden uns natürlich unterstützen."

„Selbstverständlich."

"Welchen Sicherheitsdienst haben Sie mit dem Transport des Geldes beauftragt?"

„Seguros."

„Eine letzte Frage noch. Nehmen Breschniakow und seine Tochter auch Ihren Tresorraum in Anspruch?"

„Die Antwort würde eine Rücksprache erfordern."

„Damit beschäftigen wir uns später nochmal."

Die Hauptkommissarin stieß ihren Sessel zurück und eilte zum Kassenraum, um die Befragung der eingeschlossenen Kunden zu regeln. Sie scheiterte am Sicherheitscode der Übergangsstür. Dieses Problem konnte der Bankdirektor für die Kommissarin beseitigen.

21. Kapitel

Paolo verspürte Herzrasen und Übelkeit. Vor Betreten des Flugzeuges hatte er seinen Flachmann mit Hochprozentigem aus seiner Jacke gezogen und den Inhalt reingekippt. Die Radikalkur gab ihm den Rest.

Im Flugzeug ergriff er die Hand seiner Halbschwester. Ihm war jetzt eiskalt. Mit blutleeren Lippen flüsterte er „Dieses Geld gehört Dir ganz allein. Pass gut darauf auf. Niemand außer Dir hat einen Anspruch darauf."

Seit der Abgabe seines Schusses in der Bank war es ihm nicht gelungen, mehr als einen Schritt im Voraus zu denken. Er wusste nicht, ob der eingesetzte Hubschrauber ihm oder Batracio galt. Würden sich ihre Wege noch einmal kreuzen? Sein letzter Gedanke war, Ninotschka zu schützen.

Sie presste die prallgefüllte Tasche in ihren Schoß und riss seine leblose Hand an ihr Herz. Eine herbeieilende Stewardess blickte in ihre schreckgeweiteten Augen. „Was ist passiert?"

„Bitte eine Decke für meinen Bruder. Und einen Rollstuhl für die Landung. Ihm ist sehr unwohl." Eine Decke wurde gebracht. Er verharrte still.

Sie musste verhindern, dass ein Notarzt eingeschaltet wurde. Ein Krankenhausaufenthalt hätte unweigerlich die Polizei ins Spiel gebracht, die wahrscheinlich nach der Schussabgabe bereits ihren Bruder suchte.

Ninotschka half dem Bordpersonal, ihren reglosen Bruder in den Stuhl zu verfrachten. Sie zog ihm die Decke dicht um den Kopf. „Bitte sofort zum Rent-a-car-Service. Wir sind so gut wie am Ziel."

Zwei Männer halfen ihr, den leblosen Passagier auf den Beifahrersitz eines Mercedes 300 zu verfrachten. Sie schloss ihm die Augen und zog die Decke über seinem Gesicht zusammen. Geführt von ihrem Navi fuhr sie zum Palace Hotel an den Ramblas. Telefonisch reservierte sie eine Doppelsuite für sich und den Bruder.

In der Tiefgarage des Hotels brachte sie den Sitz ihres Bruders in Liegeposition und vergewisserte sich, dass die Decke über seinem Kopf geschlossen war. „Ich bin immer bei Dir, mein Großer." Sie nahm den Reisepass Paolos aus seiner Jackentasche und steckte ihn ein.

Am Empfang des „Palace" regelte sie die Formalitäten und erklärte, ihr Bruder werde gleich nachkommen. „Wir bleiben nur eine Nacht und zahlen in bar." Sie bat um einen Termin beim Coiffeur und bestand darauf, ihre Tasche selbst zu tragen, als der Boy sie in ihr Doppelgemach führte. Der Tresor ihres Prachtgemachs konnte die Menge der Geldscheine nicht fassen, die sie ihm anvertrauen wollte. Sie fuhr zurück in die Tiergarage und steckte zwei Handvoll Scheine unter die Decke ihres Bruders.

„Pass gut darauf auf", flüsterte sie und küsste seine kalte Stirn. Sie wehrte das Gefühl ab, allein zu sein. „Ich nehme mir heute einen Mann, der Dir ähnlich ist."

Den Friseurtermin verband sie mit einem Visagisten, der ihr den Stress des letzten Tages aus dem Gesicht schminken musste. Nach einem Glas Schampus fuhr sie im Lift zur Dachterrasse des Schlosshotels. Durch das installierte Fernglas schaute sie lange auf Gaudis „Sagrada Familia". Ein Anblick zum Tote erwecken. Ihr Titos Nachtclub verfiel dagegen zu einem kläglichen Totem.

Sie blieb, bis die Lichter auf den Terrassentischen ihren sanften Schein verbreiteten und die Straßen Barcelonas zu explodieren schienen. Die Ausgangssperre war aufgehoben und eine freudetrunkene Menschenmenge feierte das Ende des Lockdowns. Als sie durch die prächtige Empfangshalle des

„Palace" ins Freie schritt, wusste sie, dass sie mit einem coolen Partner zurückkehren würde, der noch nicht ahnte, welche besondere Nacht ihm bevorstand.

Sie konnte sich nicht entscheiden und kam mit zwei Typen zurück. Ninotschka genoss die sexuellen Exzesse. Sie spielte zahlreiche Varianten des Beischlafs zu dritt durch, die ihr die Freundinnen des Clubs gebeichtet hatten. Sie reizte die Männer, sie zur Nutte zu machen und Tabus zu brechen, die sie bisher immer gewahrt hatte. Sie blieb die Herrin des Spiels und es lag allein in ihrer Hand, es zu beenden.

Am nächsten Morgen verließ sie das Hotel noch vor Sonnenaufgang. Den Zeugen ihrer Erniedrigung hinterließ sie einen handgeschriebenen Zettel „Bin Schwimmen – fickt euch selbst" und einen Hundert-Euro-Schein. Sie sollten wissen, dass sie benutzt worden waren aber niemals erfahren, was ihr das wert war.

Ihren Bruder in der Tiefgarage brachte sie wieder in aufrechte Position und ließ sich von ihrem Navi zur französischen Grenze leiten. Ihr Ziel war Perpignan, dicht hinter Spanien.

Sie hatte sich vögeln lassen wie eine Königin und dabei war ihr eingefallen, dass Perpignan mal die Hauptstadt des Königreichs Mallorca gewesen war. Die Stadt gehörte jetzt zu Frankreich, aber bis heute war der gewaltige Festungspalast des mallorquinischen Königreiches erhalten geblieben. Das kam ihr so unwirklich vor, wie sie sich gerade fühlte. Diesen Palast musste sie sehen.

Unkontrolliert erreichte sie Frankreich. Für den Notfall hatte sie sich die Ausrede zurechtgelegt, sie und ihr Bruder seien die ganze Nacht unterwegs gewesen und Paolo bräuchte nach vielen anstrengenden Stunden seinen Schlaf. Keinen Moment ließ ihr Gemüt den Gedanken zu, mit einer Leiche spazieren zu fahren.

Sie erreichte das Ortsschild „Perpinyá la catalana". Die Altstadt war komplett in die katalanischen Farben Rot und Gold gehüllt – „Sang et Or". Wie in Trance erreichte sie das gewaltige Festungsbauwerk der ehemaligen Königsstadt.

"Dass Du das noch erleben darfst." Die Bemerkung galt ihrem Bruder.

Sie verließ den Mercedes und reihte sich in eine geführte Touristenschar ein. Der Führer sprach Katalan und Englisch. Von 1276 bis 1844 sei Perpignan die Hauptstadt des Königreiches Mallorca gewesen. Viele Menschen der Region würden noch heute Katalan sprechen. Die Sprache werde in der Schule unterrichtet. Obwohl Ninotschka nie über Palma hinaus gekommen war, erschien es ihr irgendwie normal, dass Mallorca mal Zentrum der Welt war und über die Inselgrenzen hinaus große Bedeutung hatte.

Es war so normal, wie ihr Vater Russe war und ihr Bruder König der Unterwelt. Oder zumindest König in einer Zwischenwelt jenseits von Leben und Tod. Alles war möglich und das Unmögliche geschah gerade jetzt.

Ein Zivilfahnder hatte sie wegen Geschwindigkeitsübertretung gestoppt. Sie reichte ihm einen 200-Euroschein und sagte lächelnd: „Das Zehnfache für Dich, wenn Du mich jetzt leckst."

„Sicher kannst Du Deine Scheiben verblenden?! Erst Geld. Dann Slip runter."

Sie folgte seinem Befehl, aber in umgekehrter Reihenfolge. Sie brauchte nicht lange für den Orgasmus. Es war schnell verdientes Geld für den Fahnder.

Der Cop hatte nicht mal gefragt, wer der Voyeur im Mercedes war, der neben ihnen lag und so tat, ob er schlief. Als er wieder in seinen Wagen gesprungen war, umarmte Ninotschka ihren Halbbruder und heulte:" Komm, lass uns eine Weltreise machen. Geld ist geil."

Sie nahmen ein uriges Motel in Perpignan. Ninotschka parkte nahe ihrem Doppelzimmer und beschloss, Paolo diese Nacht neben sich schlafen zu lassen. Sie konnte ihn nicht allein aus dem Wagen heben. Gegen ein großzügiges Trinkgeld half der Concierge, ihren schlafenden Begleiter auf das Zimmer zu tragen. Dabei verrutschte die Decke und Paolos Gesicht kam frei. Kräftige Barthaare waren nachgewachsen. Das ließ ihn lebendiger erscheinen, als er war.

„Soll ich einen Arzt kommen lassen?"

Ninotschka schüttelte den Kopf. "Nicht nötig. Wir brauchen nur Schlaf. Frühstück bitte aufs Zimmer."

22. Kapitel

Als die Hauptkommissarin Isabel das Schlachtfeld von Palmas Gartenstadt wieder mit ihrem Büro getauscht hatte, fühlte sie sich geschlagen. Ihre schusssichere Weste hatte sie vor Kugeln bewahrt, aber ihr Innerstes war tief getroffen.

Zum Nachdenken über die Gründe blieb keine Zeit. Die ersten Meldungen über das Auftauchen von registrierten Geldscheinen erreichten sie aus dem Frisiersalon vom Luxushotel „Palace" in Barcelona. Das Geschwisterpaar Paolo und Ninotschka hatte also die Insel verlassen und war auf dem Festland unterwegs. Sie sah das Versäumnis und veranlasste einen Fahndungsfehl.

Als am folgenden Tag Beträge des registrierten Geldes in Frankreich gemeldet wurden, setzte sich Isabel mit dem alten Intimfreund Katzers, Max Friedmann von Interpol, in Verbindung.

„Lieber Herr Friedmann, für echte Erfolge sind Dienstwege manchmal zu lang. Sie müssen mir helfen, den spanischen Staatsbürger Paolo Vermont zu finden, der wegen des Mordes an einem jungen Polizisten gesucht wird. Sein letzter bekannter Aufenthalt war Perpignan in Frankreich."

„Wenn Sie dafür sorgen, dass Katzer sein Staatsbegräbnis kriegt, bin ich dabei. Wir melden uns."

Tags darauf meldete sich Friedmann zurück. Seine Nachricht traf Isabel ins Herz.

„Paolo Vermont ist seit Tagen tot. Laut Gerichtsmedizin ohne Fremdeinwirkung. Seine jüngere Halbschwester Ninotschka Breschniakow weigert sich, die Tatsache zu akzeptieren und schleppt die Leiche ihres Liebsten seit fünf Tagen von einem Hotel zum nächsten. Die Polizei hat sie, den Toten und einen hohen Geldbetrag sichergestellt."

Toll. Offenbar hatten einige im Kerker des pandemischen Lockdowns den Verstand verloren. Die eiserne Maske hatte das Gesicht ihrer Träger erobert.

Isabel fragte sich, ob Ninotschkas Reaktion auf den Verlust des geliebten Bruders verrückter war als ihr eigenes Handeln nach der Ermordung ihres Freundes Rufus Katzer? Sie beide hatten einen Menschen verloren, der ihnen näher stand, als alle anderen auf der Welt. Isabel hatte der Verlust zur Leiterin einer Sonderkommission gemacht. Ninotschka war einer Extremform geschwisterlicher Liebe gefolgt.

Isabel schämte sich. Ein unkontrolliertes Schluchzen schüttelte ihren Körper. Sie kniete nieder auf ihren Büroboden, das einzige feste unter ihren Füßen, um Öhrchen zu streicheln.

„Wenigstens Dich konnten wir retten."

Sie rief ihren Chef Caplonch an und bat um einen Termin. Statt seines nörgelnden Knurrens gab er sich ausnahmsweise gut gelaunt.

Sie straffte die Schultern und kam mit erhobenem Haupt in das Allerheiligste.

„Die Soko Phantom hat ihre Schuldigkeit getan. Der Gesuchte befindet sich in der Obhut der Gerichtsmedizin. Seine Beisetzung geht zu Lasten des Landes. Lassen Sie mich den Termin wissen. Ich würde ihm gern die letzte Ehre erweisen."

Caplonch betrachtete seine Mitarbeiterin sprachlos. „Wollen Sie sich nicht bitte setzen. Es gibt eine Menge Fragen."

„Nein. Meine Antwort ist förmlich und beantwortet alle weiteren Fragen. Ich übergebe Ihnen hiermit meinen Dienstausweis und meine Waffe. Ich danke Ihnen für die vielen Jahre unserer Zusammenarbeit. Es gab fast nichts zwischen uns, was nicht durch einen guten Lauf an der frischen Luft zu reparieren war."

Caplonch war hinter seinem Schreibtisch aufgestanden. Die aus dem Dienst geschiedene Hauptkommissarin Isabel Cifre Cerda umarmte ihn und verließ ohne weitere Worte sein Büro.

Eine Etage tiefer entfernte sie das Namensschild von ihrem Zimmer und legte dem Rottweiler sein Geschirr an. „Komm, Du Untier, wir gehen heim." Sie musste ihrer Begleiterin nicht erklären, welches Heim gemeint war.

Rufus Katzer wäre glücklich gewesen, dass sie zurückkam.

Danksagung

Mit meinem sechsten und letzten Mallorca Krimi verabschiede
ich mich von meinen Lesern und Freunden, Kritikern und all denen, die ich genervt habe. Wenn man das 80. Lebensjahr über-
schritten hat, ist es Zeit, einem geordneten Ende entgegenzuge-
hen.
Alle meine Texte sind von meinem mehr als zwanzigjährigen Leben in Mallorca geprägt. Ihre Protagonisten hängen erzählerisch
zusammen und haben ihre eigene Geschichte. Dennoch ist jedes
meiner Bücher in sich abgeschlossen und verständlich.

Mit dem "Corona Blues" hat der Autor Fiktion und aktuelles Zeit-
geschehen eng vermischt. Nicht alle handelnden Personen ent-
springen der Wirklichkeit, viele aber schon. Der Autor bittet alle
Protagonisten um Verzeihung, falls sie sich falsch wiedergege-
ben fühlen.

Mein großer Dank gilt allen, die mir bei der Vollendung meiner
letzten Arbeit so sehr geholfen haben. Juliane Gassert hat mich
nicht nur inhaltlich unterstützt, sondern auch bei der lokalen Re-
cherche tatkräftig unter die Arme gegriffen. Unsere gemeinsame Erkundung von "Titos Club", dem einstigen Glanzstück und
heutigen Restmüll einer Vergnügungswelt, bleibt unvergeßlich.
Unverzichtbare Hilfe haben auch Jörg Löwner und Jan Rütten
geleistet. Freund Löwner als unerbittlicher Lektor und akkurater
Handwerker. Jan als genialer Informatiker überwindet alle Hür-
den im Internet, vor denen ein in der analogen Welt Geborener
kapituliert.

Meine Freundin und langjährige Vertraute Maike Cronemeyer hat wie immer dem Buch zu seinem Cover verholfen und damit ein flammendes Abbild meiner Gemütslage in Coronazeiten vollbracht.

Mit Caplonch, dem schrulligen und unverwüstlichen Leiter der Kripo in Palma, habe ich versucht, dem Berliner Kripo-Chef Schwichtenberg ein Denkmal zu setzen. Er hat zu meiner Zeit als Berliner Polizeireporter amtiert. Caplonchs Stellvertreterin Isabel war immer das bessere Ich von Rufus Katzer. Verstrickt in den Abgrund Albert Batracios, hat sie gewußt, daß der Bösewicht eines der vielen mißbrauchten Heimkinder Mallorcas war.